BLANC 2

McDOUGAL LITTELL

Discovering FRENCH Nouveau!

Activités pour tous

C, 4

ISBN: 0 - 618 - 29912 - 2

6 7 8 9 — MDO — 08 07 06 05

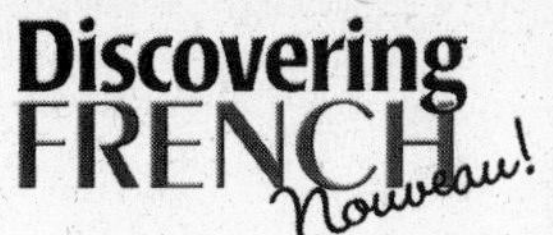

Table of Contents

UNITÉ 5 — 101

UNITÉ 6 — 121

UNITÉ 7 — 141

UNITÉ 8 — 161

UNITÉ 9 — 181

To the Student

The activities in *Activités pour tous* include vocabulary, grammar, and reading practice at varying levels of difficulty. Each practice section is three pages long, with each page corresponding to a level of difficulty (A, B, and C). A is the easiest and C is the most challenging. Each level includes three activities.

The reading activities are often based on French realia, such as menus, newspaper clippings, advertisements, and so forth.

Reprise. Entre amis

RAPPEL 1 Les nombres, la date, l'heure et le temps

A

Activité 1 L'intrus

Select the word that does not belong with the others.

1. mars	onze	juin	4. printemps	mercredi	jeudi
2. lundi	dimanche	avril	5. hiver	janvier	automne
3. cent	trente	mardi	6. samedi	seize	douze

Activité 2 Quelle heure est-il?

It is six hours later in Paris than it is in New York. Match the correct Paris time.

à New York	à Paris
____ 1. Il est sept heures du matin.	a. Il est dix-sept heures vingt.
____ 2. Il est neuf heures et quart du soir.	b. Il est une heure de l'après-midi.
____ 3. Il est une heure et demie de l'après-midi.	c. Il est dix heures quarante-cinq du soir.
____ 4. Il est onze heures vingt du matin.	d. Il est dix-neuf heures trente.
____ 5. Il est cinq heures moins le quart de l'après-midi.	e. Il est trois heures et quart du matin.

Activité 3 Le temps

le	heures	il fait	c'est	vingt et un	l'automne
c'est	septembre	il est	deux	beau	c'est

Respond to the questions by selecting words from the box. Each word is to be used once.

1. Quelle est la date aujourd'hui? ______________________________
2. Quelle saison est-ce? ______________________________
3. Quel mois est-ce? ______________________________
4. Quelle heure est-il? ______________________________
5. Quel temps fait-il? ______________________________

Nom ______________________________

Classe ______________________ Date ______________

Discovering FRENCH Nouveau!

BLANC

B

Activité 1 Catégories de mots

Choose the category for each word.

a. jour	b. mois	c. saison	d. chiffre

____ 1. novembre
____ 2. samedi
____ 3. quinze
____ 4. été
____ 5. mille
____ 6. avril
____ 7. hiver
____ 8. vendredi
____ 9. jeudi
____ 10. printemps
____ 11. cinquante
____ 12. juillet

Activité 2 La date d'anniversaire

French revolutionaries are listed on the left from youngest to oldest. Match them with their birthdates.

____ 1. Danton
____ 2. Robespierre
____ 3. Mirabeau
____ 4. Marat

a. le vingt-quatre mai, mille sept cent quarante-trois
b. le vingt-six octobre, mille sept cent cinquante-neuf
c. le six mai, mille sept cent cinquante-huit
d. le neuf mars, mille sept cent quarante-neuf

Activité 3 L'intrus

For each activity, circle the expression that logically fits.

1. Je joue au hockey samedi. — C'est l'été. / Il fait froid. / Il est midi.
2. Je vais à un concert au stade. — Il neige. / Il est 1 h du matin. / C'est l'été.
3. Je fais une promenade à pied. — C'est le vingt. / C'est le printemps. / Il pleut.
4. Je regarde la télé tout le week-end. — Il pleut. / Il est 3 h de l'après-midi. / Il fait beau.
5. Je prépare un examen d'histoire. — C'est le printemps. / C'est l'été. / Il est 7 h du soir.
6. Je vais à la plage pour bronzer. — Il est 7h du soir. / Il fait chaud. / C'est l'hiver.

C

Activité 1 La population

Write in full the approximate populations of these cities in France.

1. Toulouse: 970 000 ______________
2. Bordeaux: 930 000 ______________
3. Strasbourg: 650 000 ______________
4. Toulon: 560 000 ______________

Activité 2 Combien?

Write the answer to the questions below, making sure you spell out the numbers.

1. Combien de jours y a-t-il en septembre? ______________
2. Combien de semaines y a-t-il dans un mois? ______________
3. Combien de semaines y a-t-il dans une année? ______________
4. Combien de mois y a-t-il dans une saison? ______________
5. Combien de saisons y a-t-il dans une année? ______________

Activité 3 Quel temps fait-il?

Answer the question **Quel temps fait-il?** for these locations and seasons. Try to use each weather expression only once.

Quel temps fait-il d'habitude . . .

1. à Tahiti en été? ______________
2. à Denver en hiver? ______________
3. à Nice en automne? ______________
4. à Boston en automne? ______________
5. à Paris en automne? ______________
6. en Martinique au printemps? ______________

Nom ___________________________

Classe ___________________ Date ______________

RAPPEL 2 Les choses de la vie courante

VOCABULAIRE

A

Activité 1 Objets et endroits de tous les jours

Fill in the blanks with the items that belong.

un magasin	un clavier	un quartier	une mobylette	une imprimante	une chemise

1. un vélo ____________ une voiture
2. un pantalon un pull ____________
3. un écran ____________ une souris
4. ____________ un ordinateur un portable
5. une ville une maison ____________
6. une boutique ____________ un centre commercial

Activité 2 Est-ce que c'est logique?

If the statement makes sense, circle **logique.** If it does not, circle **pas logique.**

1. On trouve des livres au stade. logique pas logique
2. On utilise des ordinateurs au ciné. logique pas logique
3. On achète des vêtements au centre commercial. logique pas logique
4. On apprend le français à l'église. logique pas logique
5. On nage à la piscine. logique pas logique

Activité 3 L'emplacement

Select the word that correctly completes each sentence.

sous	sur	derrière	devant	à côté	sur

1. Les stylos sont ____________ le bureau.
2. Le baladeur est ____________ du lit.
3. Le chat est ____________ le lit.
4. Les livres sont ____________ le lit.
5. Le sac est ____________ le lit.
6. Il n'y a rien ____________ le lit.

Nom ______________________________

Classe ____________________ Date ____________________

B

Activité 1 L'intrus

Circle the item you are not likely to find in the places shown.

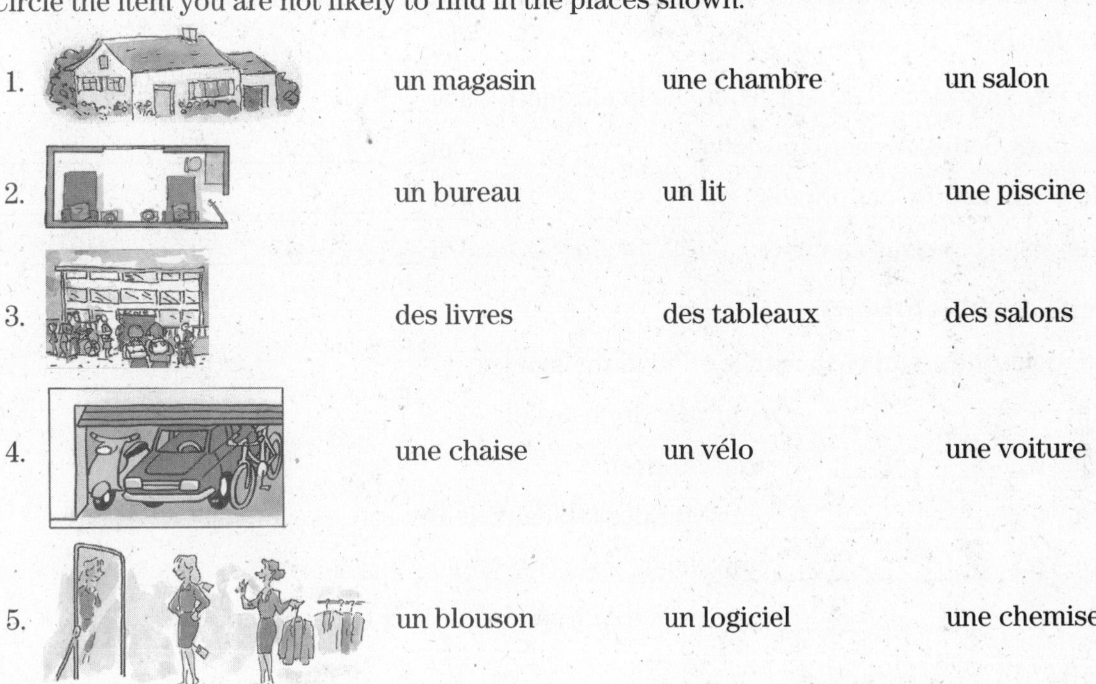

1.	un magasin	une chambre	un salon
2.	un bureau	un lit	une piscine
3.	des livres	des tableaux	des salons
4.	une chaise	un vélo	une voiture
5.	un blouson	un logiciel	une chemise

Activité 2 Où va-t-on?

Where does one go for each activity? Fill in the blanks.

stade	plage	école
supermarché	centre commercial	bibliothèque

1. On va ____________________ pour bronzer.
2. On va ____________________ pour acheter du lait, des oeufs, et du jambon.
3. On va ____________________ pour acheter des vêtements.
4. On va ____________________ pour assister à un match de foot.
5. On va ____________________ pour lire des livres.
6. On va ____________________ pour apprendre les langues étrangères et les maths.

Activité 3 L'emplacement

Circle the words with the opposite meaning.

1. sur:	sous	à côté	loin
2. derrière:	à droite	devant	sur
3. à gauche:	à côté	entre	à droite
4. près:	loin	devant	à gauche

Nom ______________________________

Classe ______________________ Date ______________

Discovering FRENCH Nouveau!

BLANC

C

Activité 1 Les affaires personnelles

Based on the statements below, fill in the blanks with the names of objects.

1. Je sais qu'il est trois heures vingt: J'ai ______________________
2. Je fais une promenade et j'écoute de la musique: J'ai ______________________
3. Je peux écrire une carte postale: J'ai ______________________
4. Je peux prendre des photos: J'ai ______________________
5. Je vais décorer ma chambre: J'ai ______________________

Activité 2 Où va-t-on?

Where does one go for each activity? Fill in the blanks.

1. On va ________________ pour prendre le train.
2. On va ________________ pour bronzer.
3. On va ________________ pour voir des tableaux de Picasso.
4. On va ________________ pour dîner.
5. On va ________________ pour prendre un sandwich et une limonade.

Activité 3 L'emplacement

Write a statement describing each object's location in the picture, using as many different location words as possible.

1. L'ordinateur ____
2. Le téléviseur ____
3. Le clavier ____
4. Les deux sacs ____
5. Le sac noir ____
6. Le baladeur ____

GRAMMAIRE

A

Activité 1 En ville

Select the words that correctly complete the dialogues.

① un / une / des	② au / à l' / à la	③ ce / cette / ces

① —Je voudrais ________ sandwich et ________ limonade, s'il vous plaît.

—Bien. Et pour vous?

—Je vais prendre ________ omelette et ________ thé glacé.

② —Est-ce que tu vas ________ piscine, aujourd'hui?

—Non, je vais ________ bibliothèque puis ________ stade. Et toi?

—Moi, je vais ________ centre commercial.

③ —Qu'est-ce que tu penses de ________ robe?

—Elle est bien mais elle est chère! Prends plutôt ________ pantalon et ________ chemise.

Activité 2 La musique et le sport

Making each selection once from the box, fill in the blanks.

du	de la	du	au	aux

1. Le samedi, nous jouons ________ foot.
2. Est-ce que tu joues ________ piano?
3. Moi, je joue ________ violon et ________ guitare.
4. Pierre aime jouer ________ jeux d'ordinateur.

Activité 3 La possession

Circle the correct possessive adjective.

1. —Tu as *ta / ton* blouson? Il pleut un peu.
   —S'il pleut, je mets *mon / ma* imper.
2. —Regarde *mon / ma* chaîne stéréo!
   —Bon, mais où sont *ton / tes* CD?
3. —Ce sont les jeux vidéo de *ton / tes* frères?
   —Oui, ce sont *leur / leurs* jeux.
4. —Ce sont *ton / tes* chiens? Ils sont mignons.
   —Oui, ce sont *mon / mes* chiens. Et voilà *mon / ma* chat aussi.

Nom ______________________________

Classe ____________________ Date ____________

B

Activité 1 Dialogues

Select the words that correctly complete these dialogues.

de	de la	du	quel	quelle	ce	cet	cette

1. —Prends-tu ________ fromage?
   —Non, merci, juste ________ glace.
2. ________ jeu préfères-tu?
   —Je préfère ________ jeu-ci.
3. —________ est la date?
   —Le 2 novembre.
4. —Il est à toi, ________ ordinateur?
   —Oui. Et ________ imprimante aussi.

Activité 2 La musique et le sport

Select the words that correctly complete these questions and statements.

au	à la	aux	du	de la

1. Est-ce que tu joues _____ cartes?
2. Vous aimez jouer _____ jeux d'ordinateur?
3. Tu joues bien _____ basket?
4. Je ne sais pas jouer _____ trompette.
5. Mais je joue bien _____ piano.
6. Mon frère et moi, nous aimons jouer _____ foot.

Activité 3 La possession

Using the visual cues, fill in the blanks with the correct possessive adjectives.

1. Ce sont ________ disques, ________ cassettes, et ________ caméra, n'est-ce-pas?
2. Ce sont ________ affiches, ________ ordinateur, et ________ chambre, n'est-ce-pas?
3. Ce sont ________ voitures, ________ quartier, et ________ maison, n'est-ce-pas?
4. Ce sont ________ livres, ________ stylo, et ________ sac, n'est-ce-pas?
5. Ce sont ________ lunettes, ________ blouson, ________ mobylette, n'est-ce-pas?

C

Activité 1 Questions

Fill in the blanks with the correct articles and adjectives.

1. Tu préfères ________ pull-ci ou l'autre?
2. Tu veux ________ tarte-ci ou l'autre?
3. ________ heure est-il?
4. ________ temps fait-il?
5. Je vais au marché acheter ________ fruits.
6. J'ai ________ ordinateur à ________ maison.

Activité 2 La musique et le sport

Using the visual cues and **jouer à** or **jouer de,** tell what people do in their spare time.

1. Marc ______________________________________.
2. Isabelle et Julie ______________________________________.
3. Moi, je ______________________________________.
4. Toi, tu ______________________________________.
5. Et vous, ______________________________________?

Activité 3 Des photos

A friend is showing you pictures of her house. Complete the sentences with the correct possessive adjectives.

1. Voici ________ chambre et ________ bureau, avec ________ ordinateur. Là, c'est ________ nouvelle raquette et ________ nouveau portable.
2. Ça, c'est la chambre de ________ frère. Ce sont ________ CD et ________ nouvelle chaîne stéréo. Sur ________ lit, tu vois ________ livre de français. Et là, sur le mur, c'est ________ affiche du cosmos.

Nom ______________________________________

Classe ____________________________ Date ______________

RAPPEL 3 Les activités

VOCABULAIRE

A

Activité 1 Nos activités

Fill in the blanks with the following verbs.

restes	rentres	travaillons	rangeons	réparez	achetez

1. Est-ce que tu ________ ici?
2. Est-ce que vous ________ du pain?
3. Nous ________ à la librairie.
4. Vous ________ votre bicyclette?
5. Nous ________ notre chambre.
6. Est-ce que tu ________ bientôt?

Activité 2 C'est la vie!

Using the visual cues and the verbs in the box, fill in the blanks.

réussis	choisis	grossissons	partez	sortons

1. Quand nous mangeons trop de ________, nous _________.
2. Quand je fais mes ________, je ________ toujours à l'examen.
3. Quel ________ est-ce que je ________?
4. À quelle ________ est-ce que vous ________?
5. Est-ce que nous ________ ce ________?

Activité 3 Que de questions!

Select the question words that correctly complete these questions and fill in the blanks.

Où	À quelle heure	Qui	Pourquoi	Qu'est-ce que

1. __________ est-ce que tu ________ ton petit déjeuner? (prendre)
2. __________ est-ce que vous ________ le français? (apprendre)
3. __________ vous ________? (faire)
4. __________ veut ________ à la question? (répondre)
5. __________ est-ce qu'on ________ des cartes? (vendre)

Nom ______________________________

Classe ____________________ Date ______________

B

Activité 1 Nos activités

Fill in the blanks with the correct forms of the following verbs.

aimer	écouter	étudier	voyager	nager

1. Nous __________ tous les étés.
2. Est-ce que vous __________ tous les soirs?
3. __________-vous la pizza?
4. Mes parents __________ le match à la radio.
5. Nous __________ le samedi après-midi.

Activité 2 Tu crois?

Choose the lines of dialogue that best follow the comments on the left.

____ 1. —Il mange beaucoup de gâteaux.
____ 2. —Elle ne mange que des légumes.
____ 3. —Il étudie beaucoup.
____ 4. —Elle hésite entre le pull noir et le pull bleu.
____ 5. —Il a beaucoup de travail!

a. —Elle veut maigrir, non?
b. —Il doit tout finir avant demain.
c. —Elle doit choisir . . .
d. —Il va grossir.
e. —Il veut réussir à l'examen!

Activité 3 Faits et gestes

Fill in the blanks with the correct forms of the following verbs.

attendre	entendre	perdre	rendre visite à	répondre	vendre

1. J'écoute mais je n'__________ rien.
2. Éric n'est pas chez lui. J'appelle mais il ne __________ pas.
3. Est-ce que tu __________ tes amis? Tu __________ ton temps: ils sont partis.
4. Nous __________ nos grands-parents le dimanche après-midi.
5. Je __________ mes vieux CD.

Nom ______________________________

Classe ______________________ Date ______________

C

Activité 1 Qu'est-ce que tu fais?

Answer these questions with complete sentences.

1. Est-ce que tu préfères regarder la télé ou lire un livre? ______________
2. À une boum, est-ce que tu préfères parler ou danser? ______________
3. Qu'est-ce que tu fais pour aider tes parents? ______________
4. Si tu joues au tennis, est-ce que tu gagnes souvent? ______________

Activité 2 À vous de poser des questions!

Write questions that would call for these responses. (Hint: look at the words in bold type.)

1. Nous partons en vacances **en décembre.** ______________
2. Je sors de chez moi **à 7h du matin.** ______________
3. Je fais mes devoirs **dans ma chambre.** ______________
4. **Non,** je ne grossis pas beaucoup. ______________

Activité 3 Mes préférences . . .

Tell someone about things you like, dislike, or have to do, using these verbs or any other –re verbs you know.

attendre	entendre	perdre	rendre visite à	répondre à	vendre

1. Je n'aime pas ______________
2. Je voudrais ______________
3. Je ne veux pas ______________
4. Je dois ______________

GRAMMAIRE

A

Activité 1 Dialogues

Select the words that correctly complete the dialogues.

moi	toi	nous	vous	eux	elles

1. —Qui est au téléphone?
   —_________! Je parle à Philippe.
2. —Pour qui est le gâteau?
   —Il est pour _________! Bon anniversaire!
3. —Le sac est à Christian?
   —Oui, il est à _________.
4. —Les pizzas sont pour tes amis?
   —Oui, elles sont pour _________.

Activité 2 Quel type de question?

First fill in the blanks. Then determine whether the questions are asking for a yes/no answer or for information.

1. Est-ce qu'ils _____________ en Italie? (aller)	oui / non	renseignement
2. Comment est-ce qu'ils _____________? (voyager)	oui / non	renseignement
3. Qu'est-ce que tu _____________? (prendre)	oui / non	renseignement
4. Qui _____________ le bus? (attendre)	oui / non	renseignement
5. Est-ce que tu _____________ au téléphone? (répondre)	oui / non	renseignement

Activité 3 Allez!

Change the statements into commands.

1. Nous attendons nos amis.

   ____

2. Tu manges tes légumes.

   ____

3. Vous nous répondez.

   ____

4. Tu écoutes la question.

   ____

Nom ______________________________

Classe ______________________ Date ______________

Discovering FRENCH Nouveau!

BLANC

B

Activité 1 Les choses

Select the words that correctly complete the dialogues.

moi	toi	lui	elle	nous	vous	eux	elles

1. Je suis Évelyne. C'est mon ordinateur. Il est à ____________.
2. Voilà Romain. Ce sont ses affaires. Elles sont à ____________.
3. Cet appareil-photo est à mes parents. Il est à ____________.
4. Je te donne ce cadeau. Il est pour ____________.

Activité 2 À vous de poser des questions!

What are the questions that elicit these responses? Use the question words provided.

à quelle heure	où	à qui	qui	quel

1. —______________________?
—Le film commence à 8 h 20.
2. —______________________?
—Je vais au Canada cet été.
3. —______________________?
—Il fait beau.
4. —______________________?
—Je parle à Anna.
5. —______________________?
—C'est Patrick.

Activité 3 Allez!

Using the visual cues, tell people what they should or should not do.

Modèle: ______Range______ ta chambre! (ranger)

1. Ne ____________ pas trop de gâteaux!
2. Ne ____________ pas trop la télé!
3. ____________-moi! Je te parle!
4. Ne ____________ pas cette course! Je veux gagner!
5. ____________ visite à tes grands-parents!

C

Activité 1 Vos habitudes

Answer the questions with complete sentences.

1. Est-ce que tu vas chez tes amis, le week-end?

   ____

2. Est-ce que tu fais la cuisine avec ta mère?

   ____

3. Est-ce que tu laves la voiture avec ton père?

   ____

4. À quelle heure est-ce que tu rentres chez toi?

   ____

Activité 2 À vous de poser des questions!

What questions would produce the following answers? It's your turn to ask them. (Hint: look at the words in bold type.)

1. ______________________ Je déjeune **à la cafétéria.**
2. ______________________ Ils dînent **à 7 h 30.**
3. ______________________ Elle parle **de ses problèmes.**
4. ______________________ Nous téléphonons **à nos amis** au Canada.
5. ______________________ **Parce que** je mange trop.

Activité 3 Allez!

Complete the dialogues below with verbs provided.

1. Est-ce que je peux **prendre** ce sandwich?

   —Mais oui, ________ -le!

2. —Tu **veux** boire quelque chose?

   —Non, je ne ________ rien boire.

3. —À qui **est** le stylo?

   —Il ____________ à moi! Merci.

4. —Qu'est-ce que tu **regardes**?

   —____________-ça! C'est un oiseau rare.

REPRISE Entre amis

Lecture

A

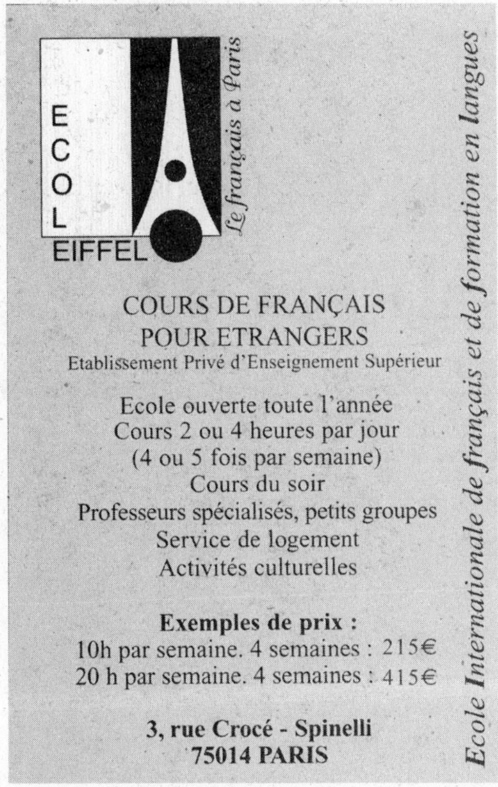

Compréhension

1. Quand est-ce que l'école est fermée?
   Elle ferme pendant les vacances. Elle ne ferme pas.
2. Combien d'heures par semaine durent les cours?
   4–5 heures 8–20 heures 20–26 heures
3. Combien de temps durent les cours?
   une semaine un mois un semestre
4. Est-ce que c'est une école publique ou privée?
5. Est-ce que les leçons sont privées? ______________________

Qu'est-ce que vous en pensez?

1. Que veut dire "enseignement supérieur"? ______________________
2. Que veut dire "étranger"? ______________________
3. Que veut dire "formation"? ______________________

Nom ______________________________

Classe ______________________ Date ______________

B

PERSONNALISE TON PORTABLE

REPONDEUR — Annonces compatibles sur tout téléphone et tout répondeur à domicile

Choisis ton annonce : imitations, parodies*... en appelant le 08.99.701.700**

PUBLICITES

Egoïste, égoïste	3001592
J'ai 8 sec pour vous dire	3001595
Hollywood fraîcheur	3001602
Hits messages Vol. 2	3001616
Petit mais costaud	3001618
Maousse boulot	3001585
3615 qui n'en veut	3001495
On remet ça ?	3001591

TV ET FILMS

Amicalement Votre	3029434
Star répondeur	3021795
My name is James	3001168
Message d'horreur	3001120
Votre nouvelle mission	3001176
Tarzan	3001108
La copine de Bruce	3001319
Les Bronzés	3001116
La guerres des étoiles	3001129
Il était une fois dans l'ouest	3001131
Titanic capitaine	3001132
Psychose	3001139
Jurassic Park	3001145
Goldorak	3001160
Beverly Hills	3001162
Pokemania	3001306
Chimi, Iono, N.F.S.	3001152
Mon portable est ailleurs	3001159
Téléportation Mr Spoke	3001119
M.I.B.	3001191

**1,35 € /appel puis 0,34 € /min.
MEDIA CONSULTING - RCS : Nanterre B391068343

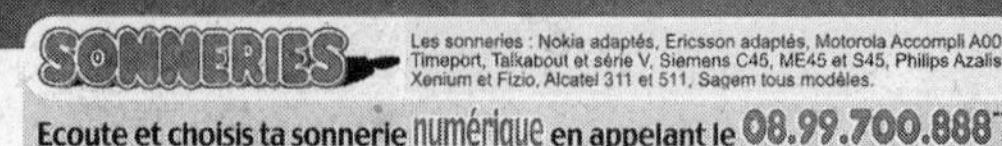

Ecoute et choisis ta sonnerie numérique en appelant le 08.99.700.888**

TUBES FRANCAIS

Unité *(Nuttéa)*	3051028
Rue de la paix *(Zazie)*	3051032
Toutes les femmes de ta vie *(Rousnes/Alberg/Steinberg)*	**3060054**
Le dilemne *(Guirao, Florence, Obispo)*	3060062
Millésime *(D'Aimé/Obispo/Calogéro)*	3051036
Comme je t'aime *(Dahan/Sforza-Mickael, Sebastian)*	**3051037**
Au bout de mon rêve *(K. Reen)*	3051029
Les mots *(Boutonnat, Farmer)*	3051031

TUBES DANCE

It's Raining Men *(Jabara, Shatte13)*	3060025
Walk of Life *(M. Knopfler)*	3060002
Can't get out of my head *(C. Dennis, R. Davis)*	**3060048**
I'm real *(Jaroule)*	3060050
I'm a slave for U *(C. Hugo, P. William)*	3060045
Come along *(P. Swenson, J. Berg)*	**3060053**
Trackin *(Barren, Schelle, Anders, Hassman)*	3060056
Hunter *(F. & R. Amstrong)*	3060047
Over-protected *(M Martin / Ran)*	3051039

Fais ton choix au 08.99.70.2000** Top original pour envoyer des messages à tes ami(e)s

SI T' APPELLES VITE LE 08 97 66 00 66

TU LAISSES TON N° DE PORTABLE ET TU RECOIS IMMEDIATEMENT UN MINI-MESSAGE GAGNANT OU PERDANT

Compréhension

1. Que veut dire "personnalise"? ______________________________
2. Qu'est-ce que c'est qu'un portable? ______________________________
3. Qu'est-ce que c'est qu'un répondeur? ______________________________
4. Qu'est-ce qu'on peut acheter ici pour un portable? ______________________________
5. Qu'est-ce qu'on peut gagner? ______________________________

Qu'est-ce que vous en pensez?

1. Que veut dire "tube"? ______________________________
2. Combien coûtent trois minutes au 08.99.700.888? ______________________________
3. Pensez-vous que beaucoup de jeunes Français ont un portable? ______________________________

C

BONS plans

PAR ISABELLE AITHNARD. ILLUSTRATION : ANNE MAURANGE.

Compte à rebours : Comment se préparer à un examen ?

*Hélas ! il n'y a pas de **solution** miracle. Pour réussir ses **examens**, il faut bosser, **bosser** et rebosser. Mais rien ne sert de **courir** si vous n'êtes pas **préparée** à une course de longue haleine.*

Surveiller son alimentation

Foncez sur la vitamine C au petit déjeuner grâce au pamplemousse, à l'orange et au kiwi. En règle générale, vous pouvez manger de tout, en freinant cependant votre conso de bonbons et autres sucres rapides qui ne sont pas indispensables à votre organisme, et encore moins à votre tour de taille!

Établir un rétroplanning

En rouge : les matières les plus difficiles. Il faudra leur consacrer plus de temps et ne rien laisser passer. En bleu, les matières où vous êtes moyenne et qui demandent quelques efforts. En vert : les matières où vous êtes à l'aise.

Respecter son horloge interne

Si vous êtes du matin et que vous pétez la forme à 8 heures, attelez-vous tôt aux matières les plus costaudes.

Connaître ses limites

Apprenez, certes, à discipliner votre travail en vous imposant des horaires fixes, mais aussi en respectant votre horloge perso. Idem pour le sommeil.

S'imposer un rythme

Établissez chaque soir la liste de tout ce que vous devrez faire le lendemain avec, dans une marge, le temps approximatif imparti à chaque tâche.

Soigner sa forme

Vous réussirez à vous vider la tête, à décompresser et à repartir de plus belle.

Réapprendre à jouer

L'agressivité que vous investissez dans le jeu est salutaire dans la mesure où elle vous aide à dépasser vos limites et à réagir à une certaine émulation.

Respecter son sommeil

Il ne s'agit pas de dire: "J'ai passé huit heures derrière mon bureau", mais plutôt: "J'ai passé cinq heures à bosser activement".

Compréhension

1. Un synonyme de «bosser» est:

   travailler　　jouer　　dormir

2. Les conseils tombent dans trois catégories principales: (a) bien manger, (b) bien s'organiser, et (c) bien se reposer. Mettez les titres dans la catégorie correcte.

   a. bien manger　　b. bien s'organiser　　c. bien se reposer

   ____ surveiller son alimentation　　____ établir un rétroplanning

   ____ respecter son horloge interne　　____ connaître ses limites

   ____ s'imposer un rythme　　____ soigner sa forme

   ____ réapprendre à jouer　　____ respecter son sommeil

3. Selon l'article, est-ce qu'il y a une solution au problème des examens?

   ____ Oui, si on s'organise.

   ____ Oui, si on mange peu et qu'on travaille beaucoup.

   ____ Non, il n'y a pas vraiment de solution.

Qu'est-ce que vous en pensez?

1. Que veut dire "horloge interne"? ______________________________
2. Que veut dire "surveiller" et "soigner"? ______________________________
3. Est-ce que vous êtes d'accord avec les conseils donnés? ______________________

Nom ____________________

Classe ____________________ Date ____________________

Discovering FRENCH Nouveau!

BLANC

LEÇON 1 Je me présente

A

Activité 1 Questions-réponses

Circle the most logical response.

1. Quel âge as-tu?
   a. Il est dix-huit heures. b. J'ai dix-huit ans.
2. Où est-ce que tu habites?
   a. Non, je n'habite pas ici. b. J'habite à Montréal.
3. Mme. Dupuis, je vous présente Sandrine.
   a. Salut! b. Enchantée.
4. Est-ce que je pourrais parler à Olivier?
   a. Je suis désolé mais il n'est pas là. b. Il est là.
5. Où es-tu né?
   a. Je suis né à Nice. b. Je suis né en juin.

Activité 2 La famille

Fill in the blanks with selections from the box below.

enfants	mari	fils	fille	femme

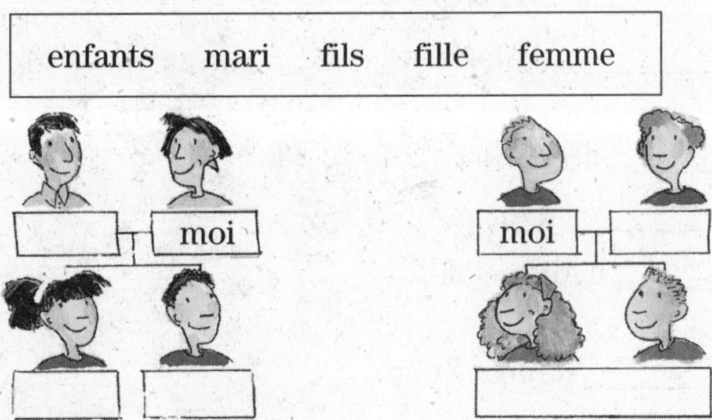

Activité 3 Les professions

Based on the visual cues can you name each profession? Select six out of the eight choices in the box and if you can, write down both the masculine and feminine forms.

pharmacien	cinéaste	chanteur	avocat
vétérinaire	informaticien	patron	femme d'affaires

1. ____________________
2. ____________________
3.  ____________________
4. ____________________
5. ____________________

Nom ___________________________

Classe ___________________ Date ___________

B

Activité 1 Phrases à compléter

Choose the most logical ending for each sentence.

____	1. Ma date de naissance est	a. dans quinze minutes.
____	2. Je suis né à Séoul,	b. mais j'habite à Québec.
____	3. Mon numéro de téléphone est	c. le treize avril.
____	4. Un jour, je voudrais être	d. patron de compagnie.
____	5. Je rappellerai	e. le 01-43-38-06-74.
____	6. Je suis née à Montréal	f. donc je suis Coréen.

Activité 2 La famille

Look at the family tree and answer the questions below, with the help of the box if necessary.

grand-mère	belle-soeur	beau-père	mari	fils	beau-fils	nièce

1. Julie est la ____________ de Frédéric.
2. Maurice est le ____________ d'Albert et de Julie Mallet.
3. Jean est le ____________ de Martine.
4. Martine est la ____________ d'Alice.
5. Éric est le ____________ d'Alice et de Maurice.
6. Élodie est la ____________ de Jean et de Martine.
7. Albert est le ____________ de Martine.

Activité 3 Les professions

Match the description with the job.

____	1. une personne qui fait des films	a. un vétérinaire
____	2. une personne qui est forte en maths	b. une informaticienne
____	3. une personne qui aime les animaux	c. un cinéaste
____	4. une personne qui travaille avec les ordinateurs	d. un journaliste
____	5. une personne qui écrit des articles	e. un comptable

C

Activité 1 Questionnaire

Answer the following questions with complete sentences.

1. Tu es de quelle nationalité? ______________________
2. Que fait ta mère ou ton père? ______________________
3. Qu'est-ce que tu voudrais être? ______________________
4. Quand est-ce que tu es né(e)? ______________________
5. Quel est ton numéro de téléphone? ______________________

Activité 2 La famille

Look at the family tree and complete the statements below.

1. Albert est le ____________ de Martine.
2. Maurice est le ____________ d'Alice.
3. Julie est la ____________ d'Albert.
4. Albert et Julie sont les ____________ d'Élodie et de Léa.
5. Jean est le ____________ de Maurice.
6. Frédéric est le ____________ d'Alice et de Maurice.
7. Élodie est la ____________ de Martine et de Jean.
8. Léa est la ____________ de Frédéric

Activité 3 Les professions

Write the name of a profession you would associate with the visual cues.

1. Ma cousine est ________________.
2. Mon cousin est ________________ de mode.
3. Mon oncle est ________________.
4. Je voudrais être ________________.
5. Papa est ________________ de compagnie.
6. Mon frère veut être ________________.
7. Ma soeur veut être ________________.

Nom ______________________________

Classe ____________________ Date ____________

Discovering FRENCH Nouveau!

BLANC

LEÇON 2 Armelle a un nouveau copain

A

Activité 1 Réponses

Circle the best response to each question.

1. À qui est ce chapeau? a. Il est à Nicole. b. C'est Nicole.
2. C'est un film génial. a. D'accord! b. Je suis d'accord!
3. Mais où est Marie-Laure? a. Elle est à l'heure. b. Elle est en retard.
4. Stéphane est encore en retard! a. Quel garçon paresseux! b. Quel garçon impatient!
5. Qu'est-ce que tu voudrais faire? a. Je vais écrire un mail. b. Je voudrais être écrivain.

Activité 2 Les adjectifs

Put the adjectives below in the feminine form. The items in the box will help you recall the rules.

-eux > -euse	-al > -ale	-if > -ive	-el > -elle	-on/-en > -onne/-enne

1.  Il est sportif.  Elle est __________ aussi.
2.  Il est heureux.  Elle n'est pas __________.
3.  Il est mignon.  Elle est __________ aussi.
4.  Il est génial.  Elle est __________ aussi.
5.  Il est beau.  Elle est __________ aussi.
6.  Il est bon.  Elle est __________ aussi.

Activité 3 *C'est* ou *il/elle est?*

Complete each sentence with either **c'est** or **il/elle est.**

1. Regarde le petit chat! __________ très mignon.
2. Votre bébé, __________ une fille ou un garçon?
3. —Qui est au téléphone? —__________ Papi.
4. Tu connais Christine? __________ géniale!
5. Regarde! __________ ma nouvelle voiture!

Nom ________________________________

Classe ____________________ Date ____________

Discovering FRENCH Nouveau!

BLANC

B

Activité 1 Expressions avec *être*

Complete the short dialogue below using expressions with **être.** The box lists the various expressions you will need.

être à	être en avance / en retard	c'est	être en train de

—Salut, Bertrand! Qu'est-ce que tu fais?

—Je ______________ faire mes devoirs.

—______________ bien, ça! Je peux rester ici avec toi?

—Oui, si tu veux. Mais, tu n'______________ pour ton cours?

—Oh là là! ______________ vrai! Il est deux heures moins cinq! Au revoir!

—Attends! Ce cahier, il n'______________ toi?

—Si, merci! Je ne dois pas l'oublier!

Activité 2 Les adverbes

Complete the sentences with **très, trop,** or **assez.**

1. J'ai cent euros et ce pull coûte cent vingt euros. Il est __________ cher pour moi.
2. J'ai __________ faim: je vais prendre une petite salade et un demi-sandwich.
3. Nous avons __________ froid: il fait 25°F!
4. J'ai dix euros et mon déjeuner coûte huit euros. J'ai __________ d'argent.
5. Si je mange __________, je grossis.
6. C'est un cadeau? C'est vraiment __________ gentil!

Activité 3 *C'est* ou *il/elle est?*

Circle the words that best complete each sentence.

1. (C'est / Il est) un homme d'affaires (généreux / généreuse).
2. (C'est / Elle est) une copine (spirituel / spirituelle) et (génial / géniale).
3. (C'est / Il est) pénible, ce (petit / petite) garçon.
4. (C'est / Elle est) une voisine (curieux / curieuse).
5. (C'est / Il est) ennuyeux, ce (vieux / vieille) livre.

Nom ______________________________

Classe ____________________ Date ____________

Discovering FRENCH Nouveau!

BLANC

C

Activité 1 Questions

Answer each question using an expression with **être.**

1. Est-ce que tu es toujours à l'heure?

   ____

2. Qu'est-ce que tu es en train de faire maintenant?

   ____

3. Est-ce que tu es d'accord avec la semaine de 35 heures en France?

   ____

4. Qu'est-ce que tu fais si tu es en retard pour le dîner?

   ____

Activité 2 Et Michèle?

Write sentences saying that Michèle is not like her brother Stéphane.

Stéphane Michèle

1. Stéphane est studieux. ______________________________
2. Stéphane n'est pas actif. ______________________________
3. Stéphane est très poli. ______________________________
4. Stéphane est bon en maths. ______________________________
5. Stéphane n'est pas très original. ______________________________

Activité 3 Descriptions

Write two short sentences as in the model, making sure you properly use **c'est** or **il/elle est.**

Exemple: Gisèle drôle *C'est Gisèle. Elle est drôle.*

1. Minou mignon ______________________________
2. Pilou chien, petit ______________________________
3. Mme. Albert prof ______________________________
4. Alain copain ______________________________
5. Marc canadien ______________________________

LEÇON 3 Allons dans un café!

A

Activité 1 Expressions avec avoir

Complete the following dialogue with selections from the box. Whenever the sentence requires, add the verb **avoir** in its correct form.

faim	soif	tort	raison	chaud	froid

—Est-ce que tu __________? Tu veux un sandwich?

—Non, merci, je n'__________. Mais j'ai très __________. Tu as de la limonade?

—Bien sûr! Voilà.

—Tiens, j'ai un peu __________. Je peux fermer la fenêtre?

—Moi, j'__________. Tiens, voici un pull.

Activité 2 Expressions avec faire

Match each description with the correct expression with **faire.**

____ 1. On va au supermarché le samedi.

____ 2. J'aime beaucoup le sport.

____ 3. Elle lave les verres et les assiettes.

____ 4. Nous étudions l'anglais et l'espagnol.

____ 5. Il a besoin d'exercice.

a. Elle fait la vaisselle.

b. Il doit faire une promenade le soir.

c. Je fais du ski, du tennis et du basket.

d. On fait les courses.

e. Nous faisons des langues étrangères.

Activité 3 L'inversion

Circle the sentence that asks a question using inversion.

1. Tu t'appelles comment? / Comment t'appelles-tu? / Comment est-ce que tu t'appelles?
2. À qui est-ce qu'elle parle? / Elle parle à qui? / À qui parle-t-elle?
3. Tu perds ton match? / Perds-tu ton match? / Est-ce que tu perds ton match?
4. Tu as quel âge? / Quel âge as-tu? / Quel âge est-ce que tu as?
5. Est-ce que vous faites vos devoirs? / Vous faites vos devoirs, non? / Faites-vous vos devoirs?

Nom ________________________________

Classe ____________________ Date ____________

Discovering FRENCH Nouveau!

BLANC

B

Activité 1 Expressions avec avoir

Select the best response to each comment or question.

____ 1. Tu veux quelque chose à manger? a. Nous avons de la chance!

____ 2. Qu'est-ce que Laure va faire ce week-end? b. Oui, j'ai vraiment faim.

____ 3. Regarde le grand chien là-bas! c. Oui, j'ai envie d'une limonade.

____ 4. Nous n'avons pas de devoirs ce soir! d. Je n'ai pas peur de lui.

____ 5. Tu as l'air d'avoir soif. e. Elle a l'intention d'aller au concert.

Activité 2 Que font-ils?

Select the expression with **faire** that you associate with the following items or activities and complete the sentences using the correct form of the verb.

faire une promenade à velo	faire les courses	faire du tennis
faire du foot	faire ses devoirs	faire un voyage

1. Nous ________________________________.

2. Je ________________________________.

3. Ma soeur ________________________________.

4. Mes cousins ________________________________.

5. Mon copain ________________________________.

6. Vous ________________________________?

Activité 3 L'inversion

Transform the questions below using inversion, according to the example.

Exemple: Est-ce que tu veux une glace? > Veux-tu une glace?

1. Est-ce que vous allez à la bibliothèque? ____________________
2. Est-ce que tu fais souvent la cuisine? ____________________
3. À quelle heure est-ce que tu rentres? ____________________
4. Est-ce que Paul a besoin d'argent? ____________________
5. Est-ce que Geneviève a faim? ____________________

C

Activité 1 Expressions avec *avoir*

Complete each sentence using an expression with **avoir.**

1. Ils mangent un steak-frites, de la salade, et du fromage. Ils ______________
2. Elle met son manteau et son chapeau. Elle ______________
3. Vous voulez dormir un peu? Vous ______________
4. Sylvie a un billet gratuit pour voir son groupe préféré. Elle ______________
5. J'ai soif. J'______________

Activité 2 Expressions avec *faire*

Answer the following questions using the cues provided. Use expressions with **faire** in some of your answers.

très	trop	assez	souvent	rarement

1. Est-ce que ta mère fait très bien la cuisine? ______________
2. Est-ce que tu étudies assez? ______________
3. Est-ce que tes copains font souvent du jogging? ______________
4. Est-ce que vous allez souvent au cinéma? ______________
5. Est-ce que ton père travaille trop? ______________

Activité 3 L'inversion

Using inversion, write questions that would produce the following answers.

1. ______________ J'habite à Boston.
2. ______________ Oui, elle a un ordinateur.
3. ______________ Non, il ne fait pas souvent la vaisselle.
4. ______________ Oui, je joue souvent aux jeux d'ordinateur.
5. ______________ Oui, nous finissons toujours nos devoirs.

Nom ____

Classe ______________________________ Date ______________ ______________

Discovering FRENCH Nouveau!

BLANC

LEÇON 4 Ça, c'est drôle!

A

Activité 1 Qu'est-ce qu'ils vont faire?

Check the sentence that indicates that people are *going to do* the activity sometime soon.

1. ❑ On va au concert. ❑ On va aller au concert.
2. ❑ Tu vas acheter un jean. ❑ Tu achètes un jean.
3. ❑ Je cherche mon baladeur. ❑ Je vais chercher mon baladeur.
4. ❑ Nous allons aller au café. ❑ Nous allons au café.
5. ❑ Ils jouent au volley chez Daniel. ❑ Ils vont jouer au volley chez Daniel.

Activité 2 Venir de

First, enter the correct form of **venir.** Then, check the column to indicate whether the following people are *coming from* somewhere or *have just done* something.

	coming from	have just done
1. Nous __________ de dîner.	❑	❑
2. Je __________ de l'aéroport.	❑	❑
3. Il __________ de préparer son examen.	❑	❑
4. Elles __________ du match de foot.	❑	❑
5. Vous __________ de faire les courses.	❑	❑

Activité 3 Depuis quand?

Answer the questions below using **depuis** and the cues provided.

1. 

Depuis quelle heure Mathieu mange-t-il?

Il mange ________________.

2. 

Depuis quelle heure Caroline étudie-t-elle?

Elle étudie ________________.

3. 

Depuis quand Pascalou marche-t-il?

Il marche ________________.

4. 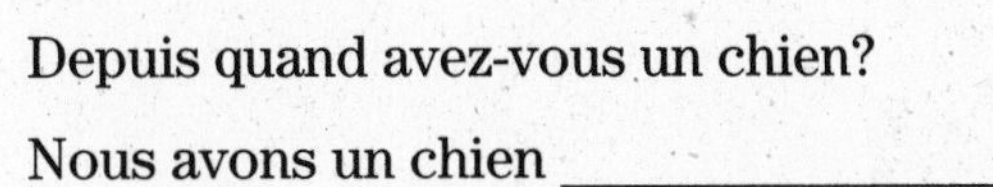

Depuis quand avez-vous un chien?

Nous avons un chien ________________.

Nom ______________________________________

Classe ______________________ Date ______________

B

Activité 1 Aller ou venir

Choosing between **aller** and **venir,** enter the correct form of the verb in each sentence.

1. Nous __________ de Los Angeles.
2. Est-ce que vous __________ en France cet été?
3. Ils __________ d'arriver à l'école.
4. Je __________ au café rencontrer mes copains.
5. Monique __________ de voyager au Sénégal.

Activité 2 Quand?

When did the following activities take place? If it is happening now, circle **présent,** if it has just been done, circle **passé,** and if it is going to happen, circle **futur.**

1. Elle va à la bibliothèque après l'école.	présent	passé	futur
2. Vous venez de finir vos devoirs?	présent	passé	futur
3. Je vais chercher ma nièce à la gare.	présent	passé	futur
4. Il vient de louer la voiture.	présent	passé	futur
5. Tu vas assister au concert samedi?	présent	passé	futur
6. Je viens de téléphoner à Marc.	présent	passé	futur

Activité 3 Depuis quand?

21 NOVEMBRE

A lot of people came to Paris this year. Today is November 21. Indicate how long each has been in Paris by matching the two sides.

____	1. Amélie / le vingt novembre	a. depuis une semaine
____	2. Nathalie et Pierre / le quatorze novembre	b. depuis plus d'un mois
____	3. M. et Mme Delmas / le premier novembre	c. depuis ce matin
____	4. Martine et Louis / le dix-huit octobre	d. depuis hier
____	5. André / le vingt et un novembre	e. depuis trois semaines

C

Activité 1 Qu'est-ce qu'ils vont faire?

Based on the visual cues, write sentences telling what people *are going to do* over the weekend.

1. Elles _______________
2. Il _______________
3. Nous _______________
4. Tu _______________
5. Je _______________

Activité 2 Qu'est-ce qu'ils viennent de faire?

Based on the visual cues about where they were, tell what people *have just done*.

1. Sylvie _______________
2. Maman _______________
3. Mes amis _______________
4. Nous _______________
5. Vous _______________
6. Les filles _______________

Activité 3 Questions

Answer the following questions using **depuis** and a length of time.

1. Depuis quand habites-tu dans ta ville? _______________
2. Depuis quand as-tu un ordinateur? _______________
3. Depuis quand fais-tu ton sport préféré? _______________
4. Depuis quand apprends-tu le français? _______________

UNITÉ 1 Reading Comprehension

Lecture

A

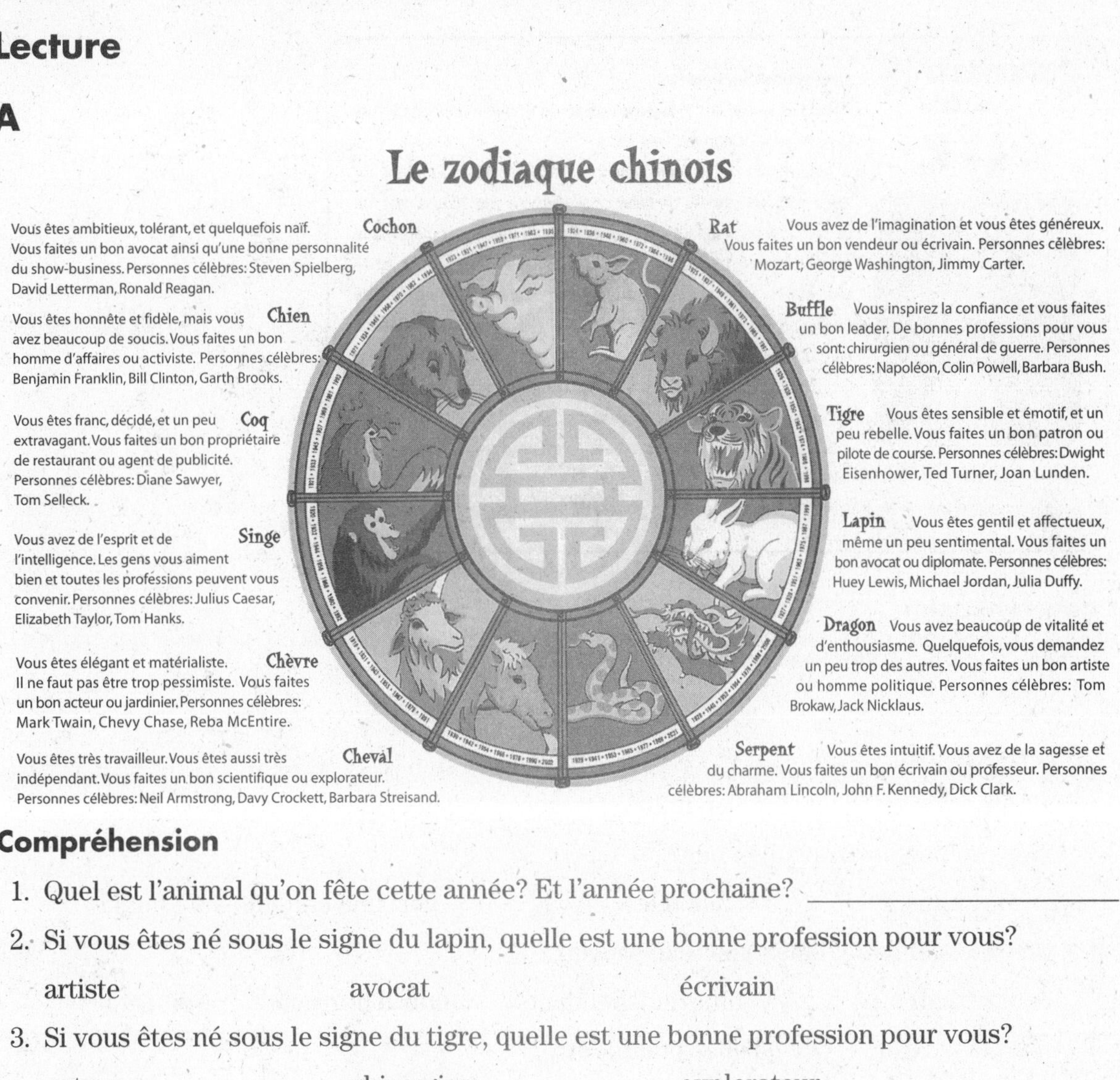

Compréhension

1. Quel est l'animal qu'on fête cette année? Et l'année prochaine? ______________
2. Si vous êtes né sous le signe du lapin, quelle est une bonne profession pour vous?
   artiste　　avocat　　écrivain
3. Si vous êtes né sous le signe du tigre, quelle est une bonne profession pour vous?
   patron　　chirurgien　　explorateur
4. Les écrivains sont souvent nés sous quel signe?
   serpent　　cochon　　chien　　cheval
5. Faites correspondre le signe et sa qualité:

____ 1. serpent	a. pessimiste
____ 2. cheval	b. charmant
____ 3. singe	c. travailleur
____ 4. chèvre	d. spirituel

Qu'est-ce que vous en pensez?

1. Quelle est la différence entre le zodiaque chinois et occidental? ______________
2. Quel est votre signe? ______________
3. Êtes-vous d'accord avec votre description selon le zodiaque chinois? ______________

Nom ______________________________

Classe ____________________ Date ______________

B

On mise sur elle

Rose McGowan, actrice

★ **Actu :** Elle est Paige, la remplaçante de Shannon Doherty (Prue) dans la série "Charmed" sur M6.

★ **Antécédents :** D'origine italienne, Rose est née à Florence en 1975 dans une famille de baba cool. Jusqu'à ses 15 ans, elle fait partie d'une communauté hippie, "les Enfants de Dieu", qu'elle quitte pour se lancer dans différents jobs : serveuse, caissière, guichetière, etc. En 1990, elle suit des cours d'art dramatique à Los Angeles où elle se fait remarquer par Gregg Araki, un réalisateur indépendant qui l'engage pour son premier film, le très curieux "The Doom Generation". Depuis, elle a participé à "Scream" et à "Phantomes", ainsi qu'à plusieurs films indépendants.

★ **Sa passion :** L'art. Contrairement à son père artiste, elle ne s'intéresse pas à la création mais aimerait plutôt être conservatrice. Son souhait : que les musées actuels soient moins rébarbatifs et que l'art se mette à la portée de tous, surtout des jeunes.

Compréhension

1. Quelle est la profession de Rose McGowan?
   athlète — chanteuse — actrice
2. Où est-elle née?
   en Californie — en Italie — en France
3. En ce moment, où travaille-t-elle?
   dans les films — à la télé — dans une communauté hippie
4. Dans quel genre de films joue-t-elle souvent?
   documentaires — films indépendants — films d'horreur — comédies
5. À part actrice, qu'est-ce qu'elle voudrait être?
   dessinatrice de mode — conservatrice — artiste

Qu'est-ce que vous en pensez?

1. Comment dit-on **waitress** en français? ______________________
2. Comment dit-on **cashier** en français? ______________________
3. Quel est un synonyme de "cinéaste" en français? ______________________

C

Compréhension

1. Avant de lire, répondez à cette question: Êtes-vous facilement influencé(e) par les autres?
2. D'après ce test, moins de 3 points veut dire que vous êtes:
   - assez influençable
   - pas influençable du tout
   - très influençable
3. D'après ce test, quel est l'inconvénient d'avoir plus de 7 points?
   - trop influençable
   - trop fermé(e) aux conseils des autres
4. D'après ce test, quel nombre de points montre un bon équilibre?
   - 1–3 points
   - 4–6 points
   - 7–9 points
5. D'après ce test, si on suit la mode, on est plutôt:
   - influençable
   - pas influençable

(sse)

1] Quelle est ton attitude face à l'autorité?
a Rebelle.
b Disciplinée.

2] Qu'est-ce qui détermine le choix de tes vêtements?
a Tes goûts personnels.
b La mode.

3] Est-il important que ton copain ou ta copine plaise aussi à tes copains?
a Pas du tout.
b Oui, au moins un peu.

4] Quelle est l'importance de la publicité dans tes achats?
a Aucune importance.
b Cela influe sur tes choix.

5] Que penses-tu des gens qui ont un piercing?
a C'est banal.
b C'est original.

6] La télévision, c'est pour toi un moyen...
a ... de te détendre.
b ... de t'instruire.

7] En général, suis-tu les conseils que l'on te donne?
a Pas vraiment.
b Le plus souvent, oui.

8] Pour prendre les grandes décisions, tu préfères...
a ... ne faire confiance qu'à toi-même.
b ... demander conseil autour de toi.

9] Si tes copains te disent d'un film qui te fait très envie que c'est un navet...
a ... tu vas quand même le voir pour te faire une idée!
b ... tu les crois sur parole et tu n'iras pas le voir.

Résultats

1, 2 ou 3 réponses «a»
Tu es très influençable et tu dois apprendre à te fier davantage à ton opinion. Non pas que les conseils des autres soient toujours mauvais, mais il est très important d'être capable de juger de ce qui est bon ou pas pour soi sans avoir nécessairement recours à l'approbation d'autrui.

4, 5 ou 6 réponses «a»
Tu as confiance en toi et tu maîtrises bien tes décisions. Cela ne t'empêche pas pour autant de prêter une oreille attentive aux opinions des autres. À toi de faire le tri entre les bonnes et les mauvaises influences... Mais, quoi qu'il en soit, tu finis toujours par mettre ton bon sens dans la balance.

7, 8 ou 9 réponses «a»
Tu n'es certainement pas une personne influençable! On peut dire que tu maîtrises complètement tes choix et tes décisions. La question est de savoir si tu n'es pas un peu trop fermée aux avis d'autrui. Tu sais, il peut arriver aux autres aussi d'avoir de bonnes idées...

Qu'est-ce que vous en pensez?

1. Que veut dire "maître ou maîtresse de soi-même"? ______________________
2. Quel est un synonyme de "conseil"? __________
3. Que veut dire "faire le tri"? ______________
   ____

Unité 2. Le week-end, enfin!

LEÇON 5 Les activités du week-end

A

Activité 1 Les endroits

Écrivez une activité sous chaque image.

assister à un match	ranger	faire des achats	voir un film	nager

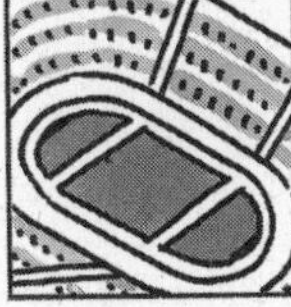

_____ _____ _____ _____ _____

Activité 2 Le week-end

Entourez la réponse la plus logique.

—Qu'est-ce que tu vas faire samedi?

—Je vais aller à pied. / Je vais faire des achats.

—Où vas-tu aller?

—Je vais prendre la direction Balard. / Je vais aller au centre commercial des Halles.

—Comment vas-tu aller là-bas?

—Je vais descendre à Opéra. / Je vais prendre le bus.

Activité 3 Les animaux

Sous chaque image, mettez le nom de l'animal.
C'est à vous d'ajouter l'article indéfini **(un, une).**

poule	lapin	cochon	cheval	oiseau	vache

_____ _____ _____ _____ _____ _____

Nom ______________________________________

Classe ____________________ Date ______________

Discovering FRENCH Nouveau!

BLANC

B

Activité 1 Équivalences

Faites correspondre les activités équivalentes.

___ 1. On va bronzer à la plage.	a. Karine fait des achats.
___ 2. On va aider nos parents.	b. Nous allons prendre un bain de soleil.
___ 3. Elle va rencontrer des copains au café.	c. Nous n'allons pas sortir.
___ 4. Elle va dans les magasins.	d. Isabelle va retrouver des amis en ville.
___ 5. On va rester à la maison.	e. Nous allons nettoyer le garage.

Activité 2 Les endroits

Complétez les phrases suivantes.

plage	stade	maison	ferme	piscine

1. Pour ______, on va ______________________________.
2. Pour ______, on va ______________________________.
3. Pour ______, on va ______________________________.
4. Pour voir ______, on visite ______________________________.
5. Pour ______, on reste ______________________________.

Activité 3 L'intrus

Mettez un cercle autour du mot qui ne va pas avec les autres.

1.	la rivière	la fleur	le lac	5.	le lapin	l'écureuil	la feuille
2.	le poisson	le champ	la prairie	6.	le billet	le stade	le ticket
3.	le canard	l'arbre	la poule	7.	monter	marcher	aller à pied
4.	la vache	la forêt	l'arbre	8.	à la plage	à la campagne	à la maison

C

Activité 1 Questions

Répondez aux questions suivantes.

1. Comment est-ce que tu vas en ville?
   ____
2. Où est-ce que tu retrouves tes copains?
   ____
3. Quand tu vas au centre commercial, qu'est-ce que tu achètes?
   ____
4. Qu'est-ce que tu fais pour aider tes parents?
   ____

Activité 2 Les endroits

Décrivez ce que tu fais dans les endroits suivants.

1. ______________________________
2. ______________________________
3. CAFÉ ______________________________
4. ______________________________

Activité 3 La faune et la flore

Écrivez deux choses ou deux animaux que vous pouvez trouver dans les endroits suivants. Utilisez chaque mot une fois seulement.

1 un lac: ______________ ______________
2. le garage: ______________ ______________
3. une ferme: ______________ ______________
4. un arbre: ______________ ______________
5. la montagne: ______________ ______________

LEÇON 6 Pierre a un rendez-vous

A

Activité 1 Hier aussi

Complétez les phrases au passé composé.

D'habitude . . .	Hier aussi, . . .
1. je finis mes devoirs avant le dîner.	j'ai ____________ mes devoirs avant le dîner.
2. nous dînons à 20h.	nous avons ____________ à 20h.
3. mes parents prennent le café dans le jardin.	mes parents ont ____________ le café dans le jardin.
4. je lis après le dîner.	j'ai ____________ après le dîner.

Activité 2 Dialogues

Faites correspondre les questions et les réponses.

___ 1. — Est-ce que Mireille a aidé ses parents?

___ 2. — Est-ce que vous avez réussi à l'examen?

___ 3. — Est-ce que tu es déjà allé là?

___ 4. — Est-ce que vous avez joué au volley hier?

___ 5. — Est-ce que tu as acheté un nouveau pull?

a. — Non, parce que nous n'avons pas étudié.

b. — Non, je ne suis jamais allé là.

c. — Non, elle n'a pas rangé le salon.

d. — Non, je n'ai pas été au centre commercial.

e. — Oui, mais nous n'avons pas gagné le match.

Activité 3 À la maison et à l'école

Mettez un cercle autour du verbe qui correspond à la phrase.

1. Nous *apprenons / comprenons* à parler français.
2. Je n'ai pas *pris / compris* la question.
3. Est-ce que vous *prenez / apprenez* du thé ou du café?
4. Pourquoi est-ce que tu *mets / permets* la radio si fort? J'étudie!
5. Elle ne *permet / promet* pas à sa petite soeur d'entrer dans sa chambre.

Nom ____

Classe ______________________ Date ______________

Discovering FRENCH Nouveau!

BLANC

B

Activité 1 Hier, aujourd'hui ou demain?

Décidez si les phrases suivantes parlent d'hier, d'aujourd'hui ou de demain.

	Hier	Aujourd'hui	Demain
1. J'attends mon copain depuis quinze minutes.			
2. Ils ont suivi le match à la radio.			
3. Est-ce que tu vas travailler samedi soir?			
4. Elle a déjà fait ses devoirs.			
5. Nous allons partir en vacances.			

Activité 2 Équivalences

En réponse aux phrases suivantes, décidez s'il faut mettre la négation ou pas.

1. — Éric a mangé beaucoup de gâteaux.
   — Il ____________ a sûrement ____________ maigri.
2. — Les élèves n'ont pas étudié.
   — Ils ____________ ont sûrement ____________ réussi à l'examen.
3. — Nous avons très mal joué au tennis.
   — Vous ____________ avez sûrement ____________ perdu le match.
4. — Mme Delorme a passé l'après-midi dans le jardin.
   – Elle ____________ a sûrement ____________ entendu le téléphone.

Activité 3 Dialogue

Complétez les phrases en choisissant et en conjugant les verbes.

prendre	apprendre	comprendre	mettre	promettre

1. Je ____________ souvent ce [pull] quand il fait très froid.
2. Paul ne ____________ pas le français.
3. Sylvie ____________ d'être à l'heure à son rendez-vous.
4. Elle doit ____________ à [skier] si elle veut venir à la montagne avec nous.
5. Nous ____________ toujours des photos pendant les vacances.

C

Activité 1 Déjà

Répondez aux questions suivantes en utilisant **déjà** et le passé composé.

1. — Est-ce que vous allez jouer au tennis?
   — Non, nous ______________________.
2. — Est-ce que tu vas prendre du thé?
   — Non, j'______________________.
3. — Est-ce que tes amis vont voir un film?
   — Non, ils ______________________.
4. — Est-ce que tu vas lire ce livre?
   — Non, j' ______________________.

Activité 2 Ce n'est pas vrai!

Répondez de manière négative, en utilisant **ne . . . pas** ou **ne . . . jamais.**

1. — Est-ce que tu as mangé tout le gâteau?
   — Ah non, ______________________.
2. — Est-ce que vous dînez à 21h30 ce soir?
   — Non, ______________________.
3. — Est-ce que Nicole va être patiente?
   — Non, ______________________.
4. — Est-ce que tes amis ont perdu le match?
   — Non, ______________________.

Activité 3 À vous la parole!

Regardez les illustrations et écrivez des phrases complètes.

1. ______________________
2. ______________________
3. ______________________
4. ______________________

Nom ______________________________

Classe ______________________ Date ______________

Discovering FRENCH Nouveau!

BLANC

LEÇON 7 Les achats de Corinne

A

Activité 1 Tu vois?

Complétez les phrases avec la forme correcte du verbe **voir.**

— Quand est-ce que vous allez ______________ le film?

— Ce soir, à 8h. Tu veux venir avec nous?

— Non, j'ai déjà ______________ ce film. Il est très bon.

— Vous ______________ l'homme là-bas?

— Non, nous ne ______________ personne.

— Tiens? Moi, je ______________ un homme et c'est Tom Cruise.

Activité 2 Personne ou rien?

Entourez la réponse logique.

1. Qu'est-ce que tu vois? a. Je ne vois rien. b. Je ne vois personne.
2. Qui est-ce qui a fait ça? a. Personne. b. Rien.
3. Et ça, c'est à qui? a. Ce n'est à personne. b. Ce n'est rien.
4. Et ça, qu'est-ce que c'est? a. Ce n'est personne. b. Ce n'est rien.

Activité 3 Quand ça?

Regardez les petites cases puis complétez les phrases avec la forme correcte du verbe **aller.**

avant	aujourd'hui	plus tard	
❑	❑	❑	1. Je ______________ à la bibliothèque.
❑	❑	❑	2. Tu ______________ voir le match au stade?
❑	❑	❑	3. Il ______________ au café hier après-midi.
❑	❑	❑	4. Lise et moi ______________ au ciné samedi dernier.
❑	❑	❑	5. Elles ______________ au musée lundi prochain.
❑	❑	❑	6. Nous n' ______________ pas à l'école aujourd'hui.

Nom ______________________________________

Classe ____________________ Date ______________

Discovering FRENCH Nouveau!

BLANC

B

Activité 1 C'est à voir.

Complétez les dialogues avec la forme correcte de **voir** et le nom de la chose illustrée.

1. — Qu'est-ce que tu ______________ pendant tes vacances?
   — J' ______________ la ______________!
2. — Vous ______________ le ______________ là-bas?
   — Oui, je le ______________. Il est à mes nouveaux voisins.
3. — Je n'______________ de baladeur bon marché au magasin.
   — Ah bon? Tu ______________ beaucoup de baladeurs au centre commercial.

Activité 2 Personne? Rien? Jamais?

Quelle expression négative utilisez-vous pour répondre aux questions suivantes? **Personne, rien** ou **jamais?** Faites des phrases complètes.

1. Qui a attendu [picture] après l'école? ______________________________
2. Est-ce que tu as déjà [picture] ? ______________________________
3. Qu'est-ce qu'il regarde par [picture] ? ______________________________
4. Est-ce qu'il y a quelqu'un à [picture] ? ______________________________
5. Est-ce que tu as [picture] quelque chose? ______________________________

Activité 3 Tout le monde est allé quelque part.

Entourez la forme du verbe **aller** qui convient le mieux dans chaque phrase.

1. Nous *allons aller* / *allons* / *sommes allés* au café demain.
2. Marie et Hélène *sont allées* / *vont* / *vont aller* chez leur copine hier.
3. Vous *allez aller* / *êtes allés* / *allez* être en vacances le mois prochain?
4. Je *suis allé* / *vais* / *vais aller* à Bruxelles pour rendre visite à ma tante la semaine dernière.
5. Tu *vas aller* / *es allé* / *vas* retrouver tes amis au café aujourd'hui?

C

Activité 1 Ah bon? Déjà?

Répondez aux questions en utilisant **déjà** et le passé composé. Faites des phrases complètes!

1. — Est-ce que vous allez ?

   — ______________________________

2. — Est-ce que tu vas ?

   — ______________________________

3. — Est-ce que Steve et Natasha vont ?

   — ______________________________

4. — Est-ce que Patricia va ?

   — ______________________________

Activité 2 Non . . .

Répondez aux questions de manière négative.

— Qu'est-ce que tu as regardé hier?

— ______________________________

— Ah bon? Alors, qu'est-ce que tu as fait?

— ______________________________

— Est-ce que tu as vu Léa en ville?

— ______________________________

— Ah, bon. Et ce soir, tu vas voir des amis?

— ______________________________

Activité 3 Où ça?

Regardez les illustrations et dites où chacun est allé.

1. nous Hier, ______________________________.
2. Élodie L'été dernier, ______________________________.
3. moi Avant-hier, ______________________________.
4. parents Hier soir, ______________________________.

LEÇON 8 Tu es sorti?

A

Activité 1 Dialogues

Complétez les phrases avec la forme correcte de **partir, sortir** ou **dormir.**

1. — Où pars-tu?

   — Je ____________ pour la gare.

2. — Est-ce que tu vas sortir?

   — Oui, je voudrais bien ____________ ce soir.

   — Mais, tu n'es pas un peu fatigué?

   — Oui, mais je peux ____________ plus tard!

3. — Est-ce qu'Isabelle va partir bientôt?

   — Mais non, elle est déjà ____________!

4. — Vous ____________ maintenant?

   — Oui, enfin, nous allons sortir.

Activité 2 Le participe passé

Mettez un cercle autour de la phrase qui est en accord avec l'image.

1.	Il est resté.	Elle est restée.	Elles sont restées.
2.	Vous êtes venus.	Vous êtes venues.	Vous êtes venu.
3.	Ils sont partis.	Elles sont parties.	Elle est partie.
4.	Elles sont rentrées.	Ils sont rentrés.	Il est rentré.

Activité 3 Non, merci!

Un copain vous téléphone dimanche. Complétez le dialogue en utilisant **il y a, hier** ou **avant-hier.**

— Tu veux aller à la piscine?

— Non, j'y suis allé ____________ jours.

— Alors, tu veux aller voir un film?

— Euh, j'ai fait ça ____________ jours.

— Bon, alors tu veux aller au restaurant?

— J'y suis allé ____________.

— Au stade, alors!

— Bof, j'ai été au stade ____________!

lundi	28/9
mardi	29/9
mercredi	30/9 piscine
jeudi	1/10 film
vendredi	2/10 restaurant
samedi	3/10 stade
dimanche	4/10

Nom ____

Classe ______________________ Date ______________

Discovering FRENCH Nouveau!

BLANC

B

Activité 1 Le week-end

Complétez les phrases avec la forme correcte des verbes **partir, sortir** et **dormir.**

D'habitude, le samedi soir, mes copains et moi, nous ____________. Albert ____________ avec sa copine Hélène. Marc et Antoine ____________ avec leurs copines et moi, je ____________ avec Didier. Mais le week-end dernier, il y a eu des problèmes. Hélène n'____________ parce qu'elle était fatiguée; elle ____________ toute la journée. Marc et Antoine ____________ avec leurs copines parce qu'elles ____________ en vacances. Mais moi, je ____________ avec Didier et on a vu un bon film. Ce week-end, nous allons faire un voyage en famille mais nous ____________ à des heures différentes. Moi, je ____________ à 7h30 du matin avec ma mère, mes soeurs ____________ le soir avec mon père.

Activité 2 Les activités de chacun

Faites des phrases avec un verbe auxiliaire de la colonne A et un participe passé de la colonne B.

A	B	
suis	venus écouter des CD	1. Nous ______________________.
es	monté à Étoile	2. Olivier ______________________.
est	parties en vacances	3. Claudine et Anna ______________________.
sommes	revenue de vacances	4. Moi, je ______________________.
sont	tombés de cheval	5. Brigitte et Paul ______________________.

Activité 3 Il y a combien de temps?

Choisissez la réponse logique.

___ 1. Quand es-tu né(e)?
___ 2. Quand est-ce que les États-Unis ont été établis?
___ 3. Quand est-ce que ta mère a acheté du pain?
___ 4. Quand est-ce que John F. Kennedy est mort?
___ 5. Quand est-ce que la rentrée a commencé?

a. Il y a plus de quarante ans.
b. Il y a seize ans.
c. Il y a un mois et demi.
d. Il y a deux jours.
e. Il y a plus de deux cent ans.

Nom ______________________________

Classe ____________________ Date ______________

C

Activité 1 Des questions

Répondez aux questions.

1. Combien d'heures dors-tu, d'habitude? Et hier?

   ____

2. Combien de fois par semaine sors-tu avec tes amis? Et la semaine dernière?

   ____

3. Avec ta famille, quand pars-tu en vacances en été? Et l'été dernier?

   ____

Activité 2 Hier et aujourd'hui

Mettez les phrases au passé composé.

1. Je vais aller à un match de foot ______________________
2. Nous allons descendre en ville. ______________________
3. Claire ne va pas rentrer à cinq heures. ______________________
4. Isabelle et Sophie ne vont pas venir ce soir. ______________________

Activité 3 Il y a combien de temps?

Répondez aux questions avec **il y a** et une expression de temps. Faites des phrases complètes!

1. Quand as-tu acheté ton 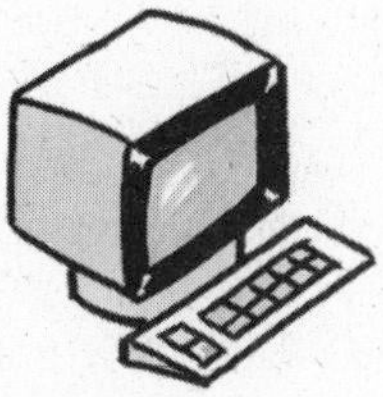 ? ______________________

2. Quand as-tu 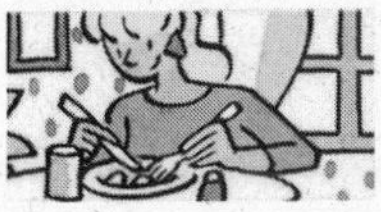 ? ______________________

3. Quand as-tu fêté ton 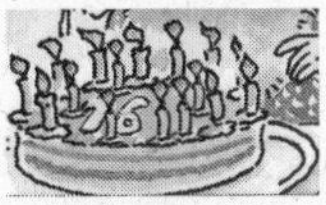 ? ______________________

4. Quand as-tu commencé 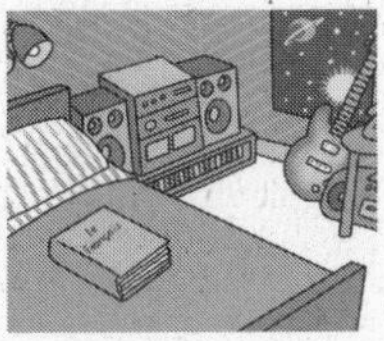 ? ______________________

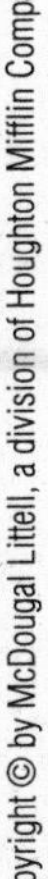

Nom ______________________

Classe ______________ Date ______________

Discovering FRENCH Nouveau!

BLANC

UNITÉ 2 Le week-end enfin!

Lecture

A Déjeuners et dîners en croisière

■ DÉJEUNER EN CROISIÈRE

Toute l'année, sur réservation

Embarquement : 12 h 15   Retour : 14 h 45

Service Étoile : 49€

Service Select : 57€   Service Premier : 69€

Menu Enfant (- de 12 ans) : 30,5€ (Etoile & Select uniquement)

*Ces prix pourront être modifiés sans préavis. Tenue correcte exigée, ni jean, ni baskets.

- le Café Marine, notre restaurant à quai, vous reçoit tous les jours de 10h à 23h,
- un village de boutiques conviviales permettant aux visiteurs de se restaurer ou de patienter agréablement,
- une terrasse estivale,
- un parking gratuit,
- un bureau de change.

Plan d'accès au site

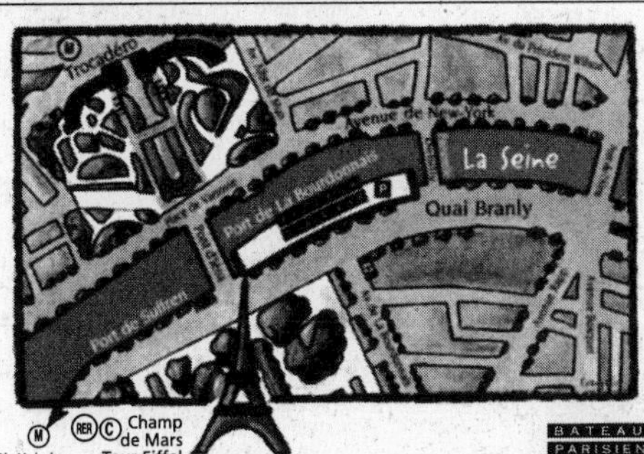

BATEAUX PARISIENS

Port de La Bourdonnais - 75007 Paris
Tél. : 01 44 11 33 44 - Fax : 01 45 56 07 88
Réservation restauration : 01 44 11 33 55
www.bateauxparisiens.com

Compréhension

1. Près de quel monument parisien prend-on le bateau? ______________
2. Quels sont les deux repas qu'on peut prendre en croisière?

____

3. Faut-il faire une réservation?

Oui, le week-end.   Non, jamais.   Oui, toujours.

4. À quelle heure part le déjeuner en croisière?

12h15   14h45   20h00   23h00

5. Combien de temps dure le déjeuner en croisière? ______________
6. Qu'est-ce que les touristes peuvent faire en attendant le bateau?

____

Qu'est-ce que vous en pensez?

1. Comment dit-on **without any prior notification** en français?

____

2. L'expression **Tenue correcte exigée, ni jean ni baskets** veut dire, en anglais:

____

Nom ______________________________

Classe ______________________ Date ______________

Discovering FRENCH Nouveau!

BLANC

B

PARIS L'OpenTour

Paris L'OpenTour, 3 circuits pour découvrir le Paris que vous aimez... historique, romantique, moderne... ou le Paris shopping ! Montez et descendez librement sur tout le parcours pour tout visiter, pour tout voir à votre rythme. Profitez d'une vue exceptionnelle depuis le pont supérieur du bus, c'est unique, c'est L'OpenTour !

- Pass valable 1 ou 2 jours consécutifs sur les 3 circuits.
- Fréquence des bus : de 10 à 30 mn.
- Plus de 40 points d'arrêt tout au long des circuits.
- Commentaire original en français et en anglais.
- Écouteurs remis à chaque passager.
- 7 jours sur 7, toute l'année.

Où acheter votre Pass :

- dans les bus L'OpenTour (verts et jaunes),
- à "La Boutique" située 13, rue Auber, Paris 9e,
- aux kiosques des arrêts Malesherbes et Anvers,
- à l'Office de Tourisme de Paris (127, av. des Champs Elysées),
- au service touristique RATP, place de la Madeleine,
- au Syndicat d'Initiative de Montmartre,
- à votre hôtel ou dans les agences de voyage,
- aux principales escales Batobus (d'avril à octobre).

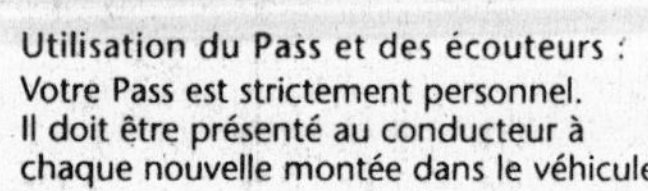

Utilisation du Pass et des écouteurs :
Votre Pass est strictement personnel.
Il doit être présenté au conducteur à chaque nouvelle montée dans le véhicule.

Compréhension

1. Quel est un synonyme de **circuit?**

   route   rue
   Pass   jour

2. Quels sont les endroits où on peut acheter un Pass?

   hôtel   monuments
   bus   **L'OpenTour**
   Office de Tourisme

3. Quelles sont les couleurs des bus de **L'OpenTour?**

   rouge   orange
   jaune   bleu
   vert

4. Quels sont les trois circuits de **L'OpenTour?**

   ____

5. Combien de fois peut-on descendre sur le circuit?

   ____

6. Quand est-ce que **L'OpenTour** est fermé?

   ____

Qu'est-ce que vous en pensez?

1. Comment dit-on "valid" en français?

   ____

2. Que veut dire **gratuit?**

   ____

C

Centre des monuments nationaux

Visites conférences :
7, boulevard Morland 75004 Paris
Tél. 01.44.54.19.30 - 01.44.54.19.35
Fax. 01 44 54 19 31
www. monum.fr

Pour recevoir chez vous tous les deux mois le bulletin des visites-conférences et toutes les expositions à Paris, abonnez-vous à **Arts Programme :** 12,20 € les 6 numéros, par chèque à l'ordre des Editions Arts Programme Service Abonnements 11 avenue de l'Europe 78130 Les Mureaux. Tél. 01.30.22.45.50 (en vente également dans les kiosques, librairies spécialisées et librairies des musées parisiens : 2,30 € le n°)

Les visites ne font pas l'objet d'une inscription préalable sauf dans les cas précisés dans le programme. Il suffit de se présenter quelques minutes avant l'heure prévue au lieu indiqué.

Les visites sont en principe limitées à 40 personnes. Les tickets sont délivrés par ordre d'arrivée au rendez-vous.

Tarif des visites : 8 € - Tarif réduit : 6 € (jeunes de moins de 25 ans)

Des visites-conférences peuvent être organisées pour des groupes d'adultes (associations, clubs, comités d'entreprises) et des groupes scolaires, en français et en langues étrangères.

••••••• Mardi 1er janvier

***Circuit en car* - Les murs peints de Paris** : ils sont les couleurs de la ville, qui naissent, vivent et disparaissent, remplacés par de nouvelles oeuvres. Notre itinéraire privilégiera l'Est parisien, avec ses peintures anciennes et récentes. 14h00 : (sur inscription préalable au 01.44.54.19.30 - 01.44.54.19.35) (21,34 € - 150 F) (C. Siabas) (5)

•••••• Mercredi 2 janvier

La Villa Laroche de Le Corbusier et la rue Mallet Stevens : l'architecture des années 1920 dans le quartier d'Auteuil. 14h15 : sortie métro Jasmin (J. Gazquez Romero) (1) (2)

Passages du Palais Royal : histoire du célèbre palais, de ses passages alentours et de ses illustres habitants d'hier et d'aujourd'hui. 14h30 : devant les grilles du Conseil d'Etat (M.D. Lelong)

Compréhension

1. Où faut-il s'inscrire pour recevoir un bulletin d'information tous les deux mois?

____

2. Où peut-on aussi acheter les bulletins?

____

3. Sur quoi est-ce que les bulletins donnent de l'information?

____

4. Faut-il faire une réservation avant les visites?

____

5. Quel est l'âge maximum qu'on peut avoir pour le tarif réduit?

____

6. Qui peut organiser des visites-conférences?

____

Qu'est-ce que vous en pensez?

1. Qu'est-ce qu'on voit si on choisit **Passages du Palais Royal?**

____

2. Qu'est-ce qu'on voit si on choisit **Les murs peints de Paris?**

____

Unité 3. Bon appétit!

LEÇON 9 La nourriture et les boissons

A

Activité 1 L'intrus

Mettez un cercle autour du mot qui ne va pas avec les autres.

1. le verre	l'addition	la tasse	5. le jambon	la poire	la cerise
2. l'omelette	le chocolat	le thé	6. le fromage	le gâteau	la tarte
3. le thon	le veau	la sole	7. le sel	le porc	le poivre
4. le couteau	la fourchette	la boisson	8. le poulet	la pomme	le pamplemousse

Activité 2 Avant ou après?

Écrivez le numéro **(1, 2 ou 3)** qui indique l'ordre habituel des repas et des aliments.

1. ____ le dîner	____ le petit déjeuner	____ le déjeuner
2. ____ le gâteau	____ le veau	____ le hors-d'oeuvre
3. ____ la salade	____ le fromage	____ la viande
4. ____ le poisson	____ la soupe	____ la salade

Activité 3 Les repas

Identifiez les aliments. Sont-ils plutôt servis au petit déjeuner (a) ou au dîner (b)?

____ 1. 

____

____ 4. 

____

____ 2. 

____

____ 5. 

____

____ 3. 

____

____ 6.

____

Nom ______________________________

Classe ____________________ Date ____________

Discovering FRENCH Nouveau!

BLANC

B

Activité 1 Les aliments

Mettez un cercle autour des deux aliments qui appartiennent à chaque catégorie.

1. Les hors-d'œuvre:	le jambon	la sole	la soupe	le poivre
2. La viande:	le poulet	le riz	le lait	le porc
3. Le poisson:	la mayonnaise	le saumon	le sucre	le thon
4. Le dessert:	le gâteau	le fromage	la tarte	le céleri
5. Les boissons:	le jus de raisin	l'eau	l'omelette	la glace

Activité 2 Les aliments

Identifiez et classez les aliments par catégorie: **a. ingrédients, b. plats, c. fruits ou d. légumes.**

____ 1. ____________________

____ 2. ____________________

____ 3.  ____________________

____ 4.  ____________________

____ 5. ____________________

____ 6.  ____________________

____ 7.  ____________________

____ 8.  ____________________

____ 9.  ____________________

Activité 3 Dialogues

Faites correspondre les questions et les réponses.

____ 1. —Vous désirez, madame?	a. —Ça fait trois euros trente.
____ 2. —Et comme boisson?	b. —De l'eau minérale, s'il vous plaît.
____ 3. —Quel est ton plat préféré?	c. —Non, je n'aime pas tellement le poisson.
____ 4. —Ça fait combien, monsieur?	d. —Une salade niçoise, s'il vous plaît.
____ 5. —Tu aimes le thon?	e. —C'est le steak-frites.

Nom ______________________________

Classe ____________________ Date ____________

C

Activité 1 Habitudes et préférences

Répondez aux questions.

1. Qui met la table chez toi?

   ____

2. Qu'est-ce que tu préfères commander au café?

   ____

3. Quel est ton plat préféré?

   ____

Activité 2 Les aliments

Écrivez le nom de deux aliments par catégorie.

1. Le hors-d'oeuvre ______________ ______________
2. La viande ______________ ______________
3. Le poisson ______________ ______________
4. Le dessert ______________ ______________
5. Les boissons ______________ ______________

Activité 3 Questions

Écrivez une phrase qui reflète votre opinion de certains aliments.

1. J'adore ______________________________.
2. J'aime ______________________________.
3. Je n'aime pas tellement ______________________________.
4. Je déteste ______________________________.

Nom ______________________________ **Discovering FRENCH** *Nouveau!*

Classe ______________________ Date ______________

B L A N C

LEÇON 10 Au supermarché

A

Activité 1 Volonté et obligations

Mettez un cercle autour de la forme du verbe qui convient.

1. Je *veut* / *veux* jouer aux jeux d'ordinateur avec mon copain, mais il *veut* / *veux* jouer au basket.
2. Nous *peuvent* / *pouvons* venir chez toi ce soir, mais Sandrine ne *peut* / *peux* pas.
3. Vous *devez* / *doivent* faire vos devoirs maintenant et moi, je *doit* / *dois* préparer un examen.
4. Jacques *n'ai pas voulu* / *n'a pas voulu* sortir avec Olivier et Jean-Paul, hier.
5. Je *n'ai pas pu* / *n'a pas pu* finir mes devoirs. Et toi, est-ce que tu *ai pu* / *as pu* faire tes devoirs?

Activité 2 L'article partitif

Choisissez, entre **du** et **de la,** l'article partitif qui correspond à chaque image.

____ 1. ____ 2. ____ 3.

____ 4. ____ 5. ____ 6.

____ 7. ____ 8. ____ 9.

Activité 3 Chez nous

Mettez un cercle autour de l'article partitif qui convient.

1. Je ne vois pas *du* / *de* / *de la* lait dans le frigo.
2. Plus *de* / *de la* / *du* viande pour moi, merci.
3. Je voudrais *du* / *de* / *de l'* eau minérale, s'il te plaît.
4. Mon frère ne mange jamais *des* / *du* / *de* légumes.
5. Comme famille, nous ne prenons pas souvent *du* / *des* / *de* dessert.

Nom ____

Classe ______________________ Date ______________ ______________

B

Activité 1 Volonté et obligations

Complétez les phrases et les questions suivantes avec la forme correcte des verbes **vouloir, pouvoir,** et **devoir.** Après, écrivez le nom de l'image.

1. ____________-vous ____________?
2. Je ____________ faire mes ____________.
3. Est-ce que tu ____________ venir avec nous ____________?
4. Nous ____________ étudier ____________.
5. Est-ce que tes cousins ____________ prendre ____________?

Activité 2 Chez Sylvie

Sylvie décrit les habitudes alimentaires de sa famille. Mettez un cercle autour de chaque article partitif qui convient.

Au petit déjeuner, je prends *de l' / de la / du* pain avec *de l' / de la / du* confiture. Avec cela, je prends *de l' / de la / du* café avec *de l' / de la / du* lait et *de l' / de la / du* sucre. Au déjeuner, ma mère prend *de l' / de la / du* salade et *de l' / de la / du* yaourt. Et comme boisson, *de l' / de la / du* limonade. Mon père prend *de l' / de la / du* poisson avec *de l' / de la / du* riz.

Activité 3 Chez nous

Complétez les phrases avec l'article partitif qui convient.

du	de la	de l'	des	de	d'

1. Je ne mets jamais ________ mayonnaise sur ma salade.
2. Au petit déjeuner, je prends ________ céréales avec ________ lait mais pas ________ café.
3. Je voudrais ________ frites mais il n'y a plus ________ pommes de terre.
4. Dominique ne mange plus ________ gâteau parce que ça fait grossir.

C

Activité 1 Volonté et obligations

Faites des phrases complètes (affirmatives ou négatives) avec les éléments donnés, au choix.

parents **faire du sport** **meilleure ami(e)** **vouloir** **sortir ce soir**

copain / copine **devoir** **réussir aux examens** **je** **pouvoir**

acheter une voiture **nous** **faire la vaisselle** **tu?** **aller au restaurant**

1. ______________________________
2. ______________________________
3. ______________________________
4. ______________________________
5. ______________________________

Activité 2 Au supermarché

Vous faites les courses pour un pique-nique. Écrivez ce que chacun veut.

1. toi ______________________________.
2. Évelyne ______________________________.
3. Stéphane ______________________________.
4. Claudine et Frédéric ______________________________.

Activité 3 Moi, je n'aime pas ça!

Vos amis mangent ou boivent des aliments que vous n'aimez pas. Réécrivez les phrases au négatif.

1. Jean-Claude boit du café le matin. Moi, ______________________________.
2. Sonia veut de la glace avec son gâteau. Moi, ______________________________.
3. Les Dumont prennent toujours de la soupe. Moi, ______________________________.
4. Mes parents commandent toujours du poisson au restaurant. Moi, ______________________________.
5. Mon copain mange de la pizza aux anchois. Moi, ______________________________.

LEÇON 11 Jérôme invite ses copains

A

Activité 1 Les boissons

Complétez les phrases en conjugant **boire**. Si vous le pouvez, écrivez le nom des boissons!

1. Vous ne ____________ jamais de ____________.
2. Le matin, nous préférons ______________ du ______________.
3. Ma sœur ______________ de la ______________ au déjeuner.
4. François et Caroline ____________ du ____________ au dîner.
5. Quand il fait chaud, tu ________ du __________ et moi, je _______ de l' ______________.

Activité 2 Au magasin

Complétez les dialogues avec les verbes conjugués ci-dessous.

acheter	achète	préfère	préfères	préférons	paie	payez

Au rayon

— Tu __________ le pull ou le chemisier?

— Je __________ le chemisier. Pourquoi?

— Je vais te l'__________ comme cadeau.

— Oh, merci, Maman!

À la caisse

— J'__________ le chemisier. C'est combien?

— Ça fait 50 €. Le pull ne vous plaît pas?

— Nous __________ la couleur du chemisier.

— Vous __________ comment?

— Je __________ avec une carte de crédit.

Activité 3 Les plats

Mettez l'article **(défini, indéfini ou partitif)** qui convient.

1. Je n'aime pas tellement __________ spaghetti.
2. Je ne commande jamais __________ dessert.
3. Il a mangé __________ hamburger au déjeuner.
4. Ma copine voudrait __________ glace au chocolat.
5. Mon père adore __________ poisson.

Nom ____

Classe __________________________ Date ______________ ______________

Discovering FRENCH Nouveau!

BLANC

B

Activité 1 Les boissons

Complétez les phrases suivantes avec la forme correcte du verbe **boire.**

1. Caroline et moi, nous __________ le café avec du sucre.
2. Nos copains ne __________ jamais de café.
3. Ma mère __________ toujours de l'eau minérale.
4. Est-ce que vous __________ du thé chaud ou du thé glacé?
5. Moi, je __________ souvent du chocolat le matin. Et toi? Tu __________ aussi du chocolat?

Activité 2 La forme verbale

Décidez s'il faut changer l'accent ou l'orthographe et écrivez la forme correcte du verbe.

1. préférer: je oui non ______________________________
2. amener: nous oui non ______________________________
3. acheter: tu oui non ______________________________
4. envoyer: ils oui non ______________________________
5. espérer: vous oui non ______________________________
6. nettoyer: elle oui non ______________________________

Activité 3 Les aliments

Complétez les phrases et les questions suivantes avec l'article **(défini, indéfini ou partitif)** qui convient et le nom de l'aliment.

1. Je veux __________.
2. Tu prends __________?
3. Voulez-vous __________?
4. Elle mange __________.
5. Je voudrais __________.
6. Ils adorent __________.

Nom ____

Classe ______________________ Date ______________

Discovering FRENCH Nouveau!

BLANC

C

Activité 1 Les boissons

Écrivez des phrases qui disent ce que certaines persones prennent à chaque repas.

1. Au petit déjeuner, je ____.
2. Au petit déjeuner, mes parents _______________________________________.
3. Au déjeuner, ma soeur ____.
4. Au déjeuner, tu ____.
5. Au dîner, nous ____.
6. Au dîner, vous ____.

Activité 2 Questions

Répondez aux questions à la première personne **(je)** et en faisant des phrases complètes.

1. Est-ce que vous amenez souvent des amis chez vous?

   ____

2. Qu'est-ce que vous préférez comme musique?

   ____

3. Qu'est-ce que vous achetez le plus souvent?

   ____

4. Quand vous êtes en vacances, à qui envoyez-vous des cartes postales?

   ____

Activité 3 Au restaurant

Au restaurant, dites que vous préférez le choix qui fait grossir mais que vous allez prendre le choix qui ne fait pas grossir.

1. —Comme hors-d'oeuvre, il y a  ou  .

   —Je préfère ________________ mais je vais prendre ________________.

2. —Comme plat principal, il y a  ou  .

   —Je préfère ________________ mais je vais prendre ________________.

3. —Après, il y a  ou  .

   —Je préfère ________________ mais je vais prendre ________________.

4. —Et comme dessert,  ou  .

   —Je préfère ________________ mais je vais prendre ________________.

LEÇON 12 L'addition, s'il vous plaît!

A

Activité 1 Les quantités

Mettez un cercle autour de l'aliment qui n'est probablement pas acheté dans la quantité donnée.

1. un kilo:	le lait	la viande	le beurre
2. un paquet:	le café	le thé	les pommes de terre
3. un litre:	le saumon	le jus de fruit	le soda
4. une boîte:	le thon	le jambon	les céréales
5. une tranche:	le saucisson	la pizza	le sucre
6. une livre:	la moutarde	le riz	le fromage

Activité 2 En ordre croissant

Faites vos choix et écrivez la quantité qui correspond à chaque image.

quelques fraises	toutes les fraises	beaucoup de fraises
pas de fraises	peu de fraises	

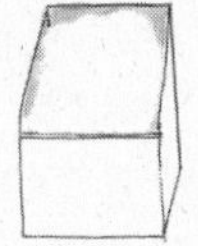 ____________

 ____________

 ____________

 ____________

 ____________

Activité 3 Qu'est-ce qu'il faut faire?

Choisissez chaque fin de phrase.

1. Pour avoir assez d'argent,
   a. il ne faut pas faire trop d'achats. b. il ne faut pas travailler.
2. Pour faire plaisir *(to please)* à tes parents,
   a. il faut faire la vaisselle quelquefois. b. il faut téléphoner à tes copains.
3. Pour réussir à ton examen de maths,
   a. il faut dormir en classe. b. il faut écouter le prof.
4. Pour avoir beaucoup d'amis,
   a. il faut être pénible. b. il faut être gentil.

Nom ____

Classe ______________________ Date ______________

Discovering FRENCH Nouveau!

BLANC

B

Activité 1 Les quantités

Assortissez l'aliment avec les deux expressions de quantité les plus logiques.

1. le fromage:	une livre	une bouteille	un morceau
2. des oeufs:	un sac	une douzaine	quelques
3. les pommes:	un paquet	plusieurs	un kilo
4. la limonade:	un litre	une livre	une bouteille
5. le jambon:	une livre	une boîte	une tranche

Activité 2 Tout

Choisissez la forme de **tout** qui convient.

tout le	**tous les**	**toute la**	**toutes les**

1. __________ monde
2. __________ temps
3. __________
4. __________
5. __________
6. __________
7. __________
8. __________

Activité 3 Équivalences

Faites correspondre les deux phrases qui veulent dire approximativement la même chose.

____ 1. Je vais travailler cet été.
____ 2. Il va aider sa mère à la cuisine.
____ 3. Nous allons nettoyer notre chambre.
____ 4. Je vais manger un peu moins.
____ 5. Elles vont faire les courses.

a. Il faut acheter du pain et du lait.
b. Il faut maigrir.
c. Il faut gagner de l'argent.
d. Il faut passer l'aspirateur.
e. Il faut mettre la table.

C

Activité 1 Un pique-nique

Vos amis et vous organisez un pique-nique. Complétez les phrases suivantes avec un aliment ou une boisson logique.

1. Nous voulons un sac ______________________________.
2. Nous avons besoin de trois bouteilles ______________________________.
3. Il nous faut une livre ______________________________.
4. Je vais aussi prendre du ______________________________.
5. Ajoutons enfin plusieurs ______________________________.

Activité 2 Le jour d'Action de Grâce

C'est juste après le jour d'Action de Grâce et il y a beaucoup de restes *(leftovers)*. Dites ce que chacun va finir en utilisant **tout** et l'un des aliments donnés.

- la dinde *(turkey)*
- la farce *(stuffing)*
- les pommes de terre
- les petits pois
- le pain
- la sauce aux airelles *(cranberry)*

1. Mon père va finir ______________________________.
2. Ma mère va finir ______________________________.
3. Moi, je vais finir ______________________________.
4. Mes frères vont finir ______________________________.
5. Mon chien va finir ______________________________.

Activité 3 Conseils

Donnez des conseils avec **il faut** ☺ ou **il ne faut pas** ☹.

1. ☺ Pour être bon en sport, ______________________________.
2. ☹ Pour être en bonne santé *(health)*, ______________________________.
3. ☺ Pour réussir aux examens, ______________________________.
4. ☹ Pour avoir de l'argent, ______________________________.

UNITÉ 3 Reading Comprehension

Lecture

A

Miam-miam

La tarte Tatin

Savez-vous que la tarte Tatin est due à une étourderie de la demoiselle du même nom qui enfourna sa tarte à l'envers et la servit encore chaude...

Préparation et cuisson :
15 min, et 30 min au four préalablement chauffé (thermostat 7 - 200 °C).

Ingrédients (pour 4 à 6 personnes ou 3 grosses gourmandes...) :

- 1 pâte brisée toute prête,
- 60 g de beurre, 100 g de sucre,
- 750 g de pommes,
- 1 pincée de cannelle.

● Épluchez les pommes, enlevez le cœur et coupez-les en quartiers. Faites fondre le beurre à feux doux dans un moule. Recouvrez le fond d'une légère couche uniforme de sucre et saupoudrez de cannelle. Remuez ce mélange jusqu'à ce que le sucre soit fondu et commencez à le faire dorer. Ensuite, retirez le moule du feu.

● Disposez les quartiers de pomme dans le fond du moule en commençant par les bords et en allant vers le centre. Sucrez de nouveau et mettez au four cinq à dix minutes.

● Déposez la pâte sur les pommes. Appuyez délicatement dessus et piquez-la avec une fourchette. Laissez cuire trente minutes.

● Sortez la tarte du four, laissez reposer deux minutes et renversez-la sur un plat, de façon à ce que les pommes soient sur le dessus. Servez-la tiède et accompagnée de crème fraîche.

Compréhension

1. Quel fruit faut-il acheter pour faire une **tarte Tatin?**
   pâte beurre sucre
   pomme cannelle
2. Comment est-ce qu'on prépare les pommes?
   — On les coupe en quatre.
   — On les coupe en petits morceaux.
   — On les laisse tout entières.
3. Que veut dire **épluchez?**
   mince dice peel
   core cut
4. Quelle est la particularité de la **tarte Tatin?**
   on la cuit à l'envers
   on la sert avec de la crème fraîche
5. Qui a fait la première **tarte Tatin?**

   ____

Qu'est-ce que vous en pensez?

1. Que veut dire **préalablement chauffé?**

   ____
2. Que veut dire **à feux doux?**

   ____

Nom ______________________________

Classe ______________________ Date ______________

Discovering FRENCH Nouveau!

BLANC

B

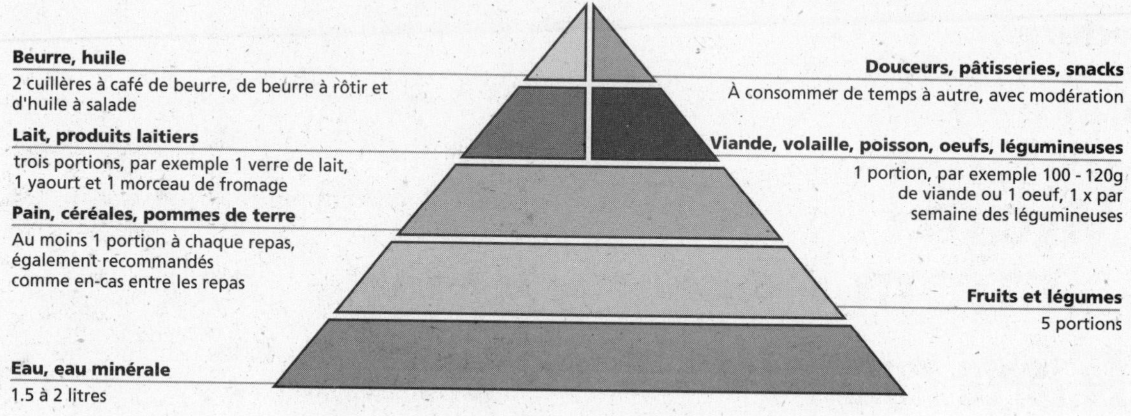

Compréhension

1. Combien de groupes d'aliments y a-t-il, selon cette pyramide?

   5 6 7

2. Combien de portions de produits laitiers doit-on prendre chaque jour?

   1 2 3 4 5

3. Quels sont les deux aliments interchangeables, pour un repas équilibré?

   les pommes de terre — les haricots verts
   la viande — les oeufs

4. Qu'est-ce qu'un fruit frais peut remplacer selon la pyramide?

   du poisson — de la salade — du gâteau — des haricots verts

5. Comment faut-il manger des pâtisseries?

   ____

Qu'est-ce que vous en pensez?

1. Comment dit-on **cuillère à café** en anglais?

   ____

2. Que veut dire **en-cas?**

   ____

C

beauté
>tests

Quel est ton style?

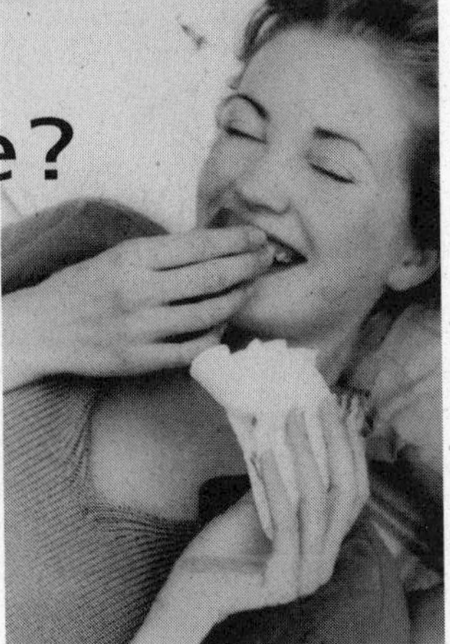

1 Sans réfléchir une minute, tu mangerais bien:
a une farandole de desserts.
b une assiette de charcuterie.
c un panier du jardinier (légumes crus et sauce au fromage blanc).

2 Quelle odeur préfères-tu?
a Celle des cuisines d'un restaurant.
b Celle d'une boulangerie-pâtisserie.
c Celle de la campagne.

3 Dans un self-service, tu prends:
a une entrée, un plat, et c'est tout!
b trois entrées, si cela te chante!
c une entrée, un plat et un dessert.

4 On t'apporte une assiette super appétissante et variée...:
a ... tu la manges dans le désorde.
b ... tu picores.
c ... tu gardes le meilleur pour la fin.

5 Que dit-on de toi?
a Que tu manges de tout.
b Que tu grignotes du matin au soir.
c Que tu chipotes un peu.

6 Le pire pour toi, c'est de...
a ... te retrouver à un déjeuner ou un dîner de famille.
b ... devoir te contenter d'un sandwich pour le déjeuner.
c ... manger à heures fixes.

	1	2	3	4	5	6
a	5	10	15	10	5	15
b	10	5	10	15	10	5
c	15	15	5	5	15	10

Résultats

De 30 à 50 points
Tu es une **« gourmande »**.
Pour toi un plat et un dessert.

De 55 à 70 points
Tu es une **« grignoteuse anarchique »**.
Tu n' écoutes que tes envies et vis à ton rythme.

De 75 à 90 points
Tu es une **« fan de régimes »**.
Plus à cheval sur ce que tu manges que toi, il n'y a pas! Tu pourrais écrire un livre sur la question!

Compréhension

1. Une **farandole** de desserts veut dire:

   peu de desserts   quelques desserts   beaucoup de desserts

2. Donnez deux exemples de charcuterie:

   ______________   ______________

3. **Picorer** veut dire:

   manger peu   manger beaucoup

4. **Grignoter du matin au soir** veut dire:

   prendre trois repas par jour   prendre plusieurs petits repas

5. **Chipoter** veut dire:

   manger sans discrimination   manger avec discrimination

Qu'est-ce que vous en pensez?

1. Comment dit-on **raw vegetables** en français?

   ____

2. Comment traduisez-vous **si cela te chante** en anglais?

   ____

Unité 4. Loisirs et spectacles!

LEÇON 13 Allons au spectacle

A

Activité 1 Les spectacles

Complétez les phrases suivantes à l'aide des mots donnés.

pièce	**groupe**	**exposition**	**équipe**	**drame psychologique**

1. On va au musée pour voir une __________________.
2. On va au cinéma pour voir un __________________.
3. On va au théâtre pour voir une __________________.
4. On va au stade pour voir jouer une __________________
5. On va au concert pour entendre un __________________.

Activité 2 Genres de film

Mettez un cercle autour du genre de film qui va avec la description.

1. les films d'Alfred Hitchcock:	drames psychologiques	films d'aventures
2. les films de Walt Disney:	dessins animés	films de science fiction
3. les films de Bruce Willis:	comédies musicales	films d'aventures
4. les films comme *Vendredi Treize*:	dessins animés	films d'horreur
5. les films comme *Star Wars*:	films de science fiction	films policiers

Activité 3 Invitations

Décidez si les personnes suivantes acceptent ou refusent une invitation.

1.	Je voudrais bien mais je dois étudier.	accepte	refuse
2.	Avec plaisir! À quelle heure?	accepte	refuse
3.	Je regrette mais j'ai d'autres projets.	accepte	refuse
4.	Je suis désolé mais je ne peux pas.	accepte	refuse
5.	Oui, super. Bonne idée!	accepte	refuse

Nom ____

Classe ______________________________ Date ____________________

B

Activité 1 Les spectacles

Mettez un cercle autour des deux mots que vous associez avec le mot donné.

1. une pièce de théâtre: un film un acteur un programme
2. une équipe: un joueur un match une séance
3. un groupe: une actrice une chanson une chanteuse
4. une exposition: un artiste un musée une place
5. une place: un concert une exposition un billet

Activité 2 On va au ciné?

Complétez les phrases ou questions suivantes, à l'aide des mots donnés.

heure	séance	places	fois	sors	joue

—Est-ce que tu ____________________ souvent?

—Assez. Et vous?

—Nous allons au cinéma deux ____________________ par mois.

—Qu'est-ce qu'on ____________________ au cinéma ce week-end?

—Un bon film français.

— Bon. Combien coûtent les ____________________?

—Huit euros.

—D'accord. À quelle ____________________ commence le film?

—La ____________________ est à 19h00.

Activité 3 Dialogues

Choisissez la réponse qui accepte l'invitation.

1. Tu veux voir l'exposition au musée samedi?
   a. Oui, je ne suis pas occupée.
   b. Oui, mais je ne suis pas libre.
2. Est-ce que tu veux aller au concert demain?
   a. Merci, mais je ne peux pas.
   b. Je veux bien, merci.
3. Est-ce que tu es libre vendredi soir?
   a. Je suis désolé.
   b. Oui, je suis libre.
4. Tu veux assister à un match au stade?
   a. Oui, mais je n'ai pas le temps.
   b. D'accord. Quand?

C

Activité 1 Questions

Répondez aux questions de Grégoire.

1. Combien de fois par mois est-ce que tu sors?

   ____
2. Qu'est-ce que tu préfères comme concert?

   ____
3. Tu aimes quel genre de films?

   ____
4. Tu préfères quelle séance?

   ____

Activité 2 Le cinéma

Quels sont les meilleurs films que vous avez vu dans les genres suivants? Répondez ensuite à la question.

1. Un film d'aventures: ______________________________
2. Un film d'horreur: ______________________________
3. Un film de science-fiction: ______________________________
4. Une comédie: ______________________________

Activité 3 Équivalences

Faites correspondre chaque question avec la réponse la plus logique.

_____ 1. Qu'est-ce qu'on joue au ciné ce week-end?

_____ 2. À quelle heure commence le film?

_____ 3. Est-ce que tu veux aller au cinéma?

_____ 4. Combien coûtent les places?

_____ 5. Est-ce que tu sors souvent?

_____ 6. Tu gardes toujours ton programme?

a. Au cinéma Rex, les billets coûtent 8 €.

b. Oui, pour ne pas oublier l'événement.

c. La première séance est à 18 h 30.

d. Peut-être deux fois par mois.

e. Je voudrais bien, mais je ne peux pas.

f. Il y a un film d'horreur et deux comédies.

Nom ______________________________

Classe ______________________ Date ______________

Discovering FRENCH Nouveau!

BLANC

LEÇON 14 Un petit service

A

Activité 1 La réciprocité

Complétez les réponses suivantes à l'aide d'un pronom complément. Regardez bien les questions!

1. —Tu me présentes à tes amis?
   —Mais oui, je ______________ présente à mes amis!

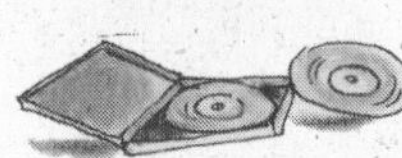

2. — Tu nous donnes ces CD?
   — Mais oui, je ______________ les donne!

3. —Vous me montrez votre livre de français?
   —Mais oui, je ______________ le montre!

4. —Il te prête sa chaîne hi-fi?
   —Mais oui, il ______________ la prête!

Activité 2 L'impératif

Décidez si les phrases suivantes sont à l'impératif.

1. Écoutez-moi, s'il vous plaît.	oui	non
2. Ne nous apporte pas de pizza aux anchois.	oui	non
3. Il va nous présenter à ses copains.	oui	non
4. Je te téléphone ce soir, d'accord?	oui	non
5. Ne me parle pas comme ça.	oui	non
6. Attends-nous après le concert.	oui	non

Activité 3 Dialogue

Complétez les dialogues en utilisant une fois chaque pronom complément donné.

moi	t'	vous	nous	moi

—Apportez-__________ deux limonades, s'il vous plaît.

—Et avec ça?

—Donnez-______________ un steak-frites.

—Et pour ______________, la pizza quatre saisons.

—Je __________ invite au concert, ce soir.

—Mais ma cousine vient chez moi.

—Alors, je ______________ invite, toutes les deux!

Nom ______________________________ Discovering FRENCH Nouveau!

Classe ____________________ Date ______________ ______________

BLANC

B

Activité 1 Dialogues

Complétez les phrases suivantes.

1. —Tu m'invites à déjeuner?
   —Oui, je ________ ________________!
2. —Il vous apporte des CD?
   —Oui, il ________ ________________ des CD.
3. — Tes copains te prêtent de l'argent?
   —Mais non, ils ne ________ ________________ pas d'argent!
4. — Ton chien nous aime bien, tu crois?
   —Mais oui, il ________ ________________ bien!

Activité 2 Qu'est-ce qui suit?

Mettez un cercle autour de l'action qui est la conséquence de chaque impératif.

1. "Invite-moi au café!"
   a. Vous m'invitez au café. b. Tu m'invites au café.
2. "Apportez-nous une pizza!"
   a. Vous m'apportez une pizza. b. Il nous apporte une pizza.
3. "Ne me donnez pas d'eau!"
   a. Ils ne me donnent pas d'eau. b. Je ne te donne pas d'eau.
4. "Appelle-nous!"
   a. Nous t'appelons. b. Tu nous appelles.

Activité 3 Équivalences

Faites correspondre les phrases qui ont approximativement le même sens.

______	1. Ne me regarde pas!	a. D'accord, je vais te regarder.
______	2. Écoutez-moi!	b. D'accord, je vais te rendre tes affaires.
______	3. Rends-moi mes affaires!	c. D'accord, je ne vais pas t'écouter.
______	4. Regarde-moi!	d. D'accord, je ne vais pas te regarder.
______	5. Ne me rends pas la cassette!	e. D'accord, je vais vous écouter.
______	6. Ne m'écoute pas!	f. D'accord, je ne vais pas te rendre la cassette.

Nom ______________________________ Discovering FRENCH Nouveau!

Classe __________________ Date ______________

BLANC

C

Activité 1 Mais oui!

Répondez affirmativement aux questions en utilisant un pronom.

1. —Est-ce que tu viens dîner chez nous?

   —______________________________

2. —Est-ce que ta copine te téléphone souvent?

   —______________________________

3. —Est-ce que je peux vous appeler, Karine et toi, plus tard?

   —______________________________

4. —Est-ce que tu vas rendre visite à tes grands-parents ce week-end?

   —______________________________

Activité 2 S'il te plaît . . .

Mettez les phrases suivantes à l'impératif.

1. Trinh, peux-tu me donner le 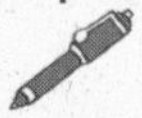 ? ______________________________
2. Est-ce que vous pouvez me 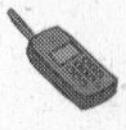 ce soir? ______________________________
3. Maman, tu m'achètes ce beau 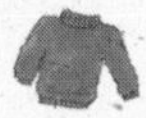 ? ______________________________
4. Est-ce que nous pouvons aller au 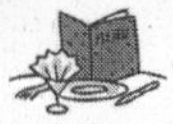 ? ______________________________
5. Peux-tu me présenter à ton 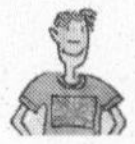 ? ______________________________

Activité 3 Plus tard

Dites, en utilisant un pronom complément, ce que vous allez faire plus tard en réponse à ces demandes.

1. "Aide-moi à faire la cuisine!" ______________________________
2. "Prête-nous ton nouveau jeu d'ordinateur!" ______________________________
3. "Ne m'apporte pas de pizza aux anchois!" ______________________________
4. "Attendez-nous après les cours!" ______________________________

Nom ____

Classe ______________________ Date ______________

Discovering FRENCH Nouveau!

BLANC

LEÇON 15 Dans une boutique de disques

A

Activité 1 La connaissance

Complétez les dialogues suivants avec la forme correcte de **connaître** ou **reconnaître.**

1. —Vous __________________ bien Paris?

   —Oui, mais nous ne __________________ pas Lyon.

2. —Je ne __________________ pas ce garçon. Qui est-ce?

   —Tu ne le __________________ pas? C'est mon frère!

3. —Est-ce que ton frère __________________ les Dupont?

   —Non, mais les Dupont me __________________.

Activité 2 Un après-midi

Complétez les phrases de droite en choisissant entre **le, la, l'** ou **les.**

1. Écoutons ma chanteuse préférée.	Écoutons-________.
2. Je n'aime pas la dernière chanson.	Je ne ________ aime pas.
3. Mais j'adore le CD!	Je ________ adore!
4. Je peux prendre le CD?	Je peux ________ prendre?
5. Regarde les voisins: ils dansent!	Regarde-________!

Activité 3 Au centre commercial

Vous rencontrez une amie au centre commercial et vous bavardez un peu. Vos réponses sont à gauche; mettez un cercle autour du complément d'objet correspondant à droite.

1. Oui, je l'ai fini. mes   / mon 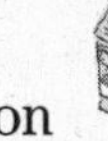 / ma 

2. Oui, on l'a vue hier. ma  / mon  / mes

3. Non, je ne l'ai pas trouvée. 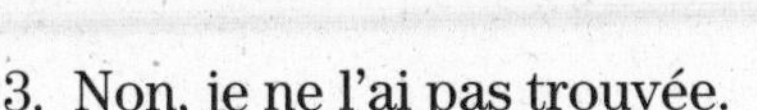 mes  / ma 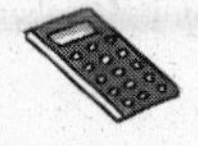 / mon 

4. Oui, je les ai achetées. les  / les  / les 

5. Non, je ne l'ai pas reconnu. ton  / ta 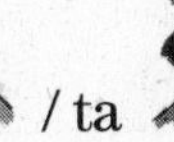  / tes  

Nom ___________________________________

Classe ______________________ Date ______________

Discovering FRENCH Nouveau!

BLANC

B

Activité 1 Le voisinage

Complétez les phrases avec la forme correcte du verbe **connaître** ou **reconnaître.**

—Nous habitons ici depuis dix ans. Nous ________________ tous nos voisins. Et toi, est-ce que tu ________________ bien tes voisins?

—Non, pas vraiment. Je ________________ bien ma voisine d'en haut.

—Et vous, est-ce que vous ________________ votre voisin d'en bas?

—Non.

—Mais, c'est l'acteur Laurent Ducharme!

—Oh là là, je ne l'ai pas ________________! Il faut absolument faire sa connaissance.

Activité 2 Questions variées

Mettez un cercle autour du pronom qui convient.

1. —Est-ce que tu aimes le ? —Non, je ne *le / la / l' / les* aime pas tellement.
2. —Regardes-tu souvent la ? —Non, je ne *le / la / l' / les* regarde jamais.
3. —Tu as mangé toutes les ? —Oui, je *le / la / l' / les* ai toutes mangées!
4. —Tu connais le d'Amélie? —Oui, je *le / la / l' / les* connais.
5. —Est-ce que tu vas acheter ce ? —Oui, je vais *le / la / l' / les* acheter.

Activité 3 Le soir

Votre mère revient du travail et elle vous pose des questions. Choisissez le participe passé qui convient.

1. —Est-ce que ta soeur a déjà mis la table? —Oui, elle l'a déjà *mis / mise / mises.*
2. —Tu as trouvé tes devoirs? —Non, je ne les ai pas *trouvés / trouvé / trouvées.*
3. —Tu as bien attendu tes petites soeurs? —Oui, je les ai *attendues / attendu / attendus.*
4. —Vous avez été au concert? —Non, on l'a *écouté / écoutée / écoutés* à la radio.
5. —Est-ce que ton frère a rendu ses livres? —Oui, il les a *rendu / rendue / rendus.*

C

Activité 1 À l'école

Complétez le dialogue en utilisant le mot **connaissance** et en conjugant le verbe **connaître.**

—Patrick, est-ce que tu as fait la ______________ d'Amélie?

—Non, pas encore. Bonjour, Amélie! Est-ce que tu ______________ bien la ville?

—Non, nous sommes ici depuis seulement deux mois. Je voudrais bien la ________.

—Bon, alors, nous t'emmenons faire le tour de la ville.

—Super! Vous ______________ tous les endroits sympas?

—Oui, nous ______________ très bien les quartiers amusants.

Activité 2 Au self-service

Réécrivez les phrases en remplaçant le mot souligné et l'image avec un pronom complément.

1. J'aime bien les . ______________________________ 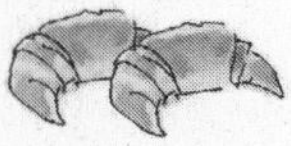
2. Tu prends la ? ______________________________ 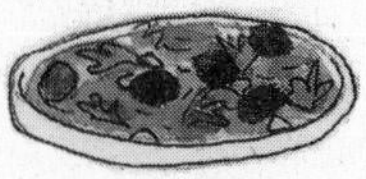
3. Elles veulent les . ______________________________ 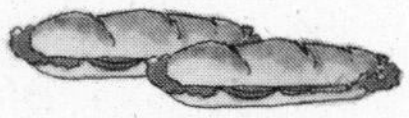
4. Nous achetons ces . ______________________________ 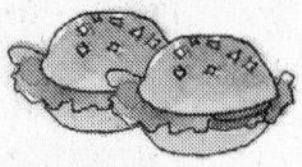
5. Vous préférez la ? ______________________________

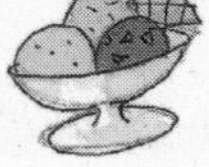

Activité 3 C'est déjà fait!

Écrivez des phrases pour dire que vous avez déjà fait ce que votre mère ordonne. Utilisez un pronom complément, le mot **déjà** et le passé composé.

1. —Fais la vaisselle! —Mais ______________________________!
2. —Prends ton petit déjeuner! —Mais ______________________________!
3. —Range tes affaires! —Mais ______________________________!
4. —Nettoie la cuisine! —Mais ______________________________!
5. —Finis tes devoirs! —Mais ______________________________!

Nom ______________________________ Discovering FRENCH Nouveau!

Classe ______________________ Date ______________ ______________

BLANC

LEÇON 16 La voisine d'en bas

A

Activité 1 Des choses à dire, à lire et à écrire

Décidez si les mots suivants sont plutôt associés avec le verbe **dire, lire** ou **écrire.** Quelques mots ont plus d'une réponse.

____ ____ 1. une revue

____ ____ 2. un poème

____ ____ 3. une carte postale

____ ____ 4. un roman

____ ____ 5. un mensonge

____ ____ 6. une bande dessinée

____ ____ 7. la vérité

____ ____ 8. un journal

Activité 2 Aujourd'hui

Décidez si vous devez remplacer les mots soulignés avec **lui** ou **leur.**

1. Je vais écrire à mes ______. — Je vais __________ écrire.
2. Il n'a pas encore parlé au ______ d'anglais. — Il ne __________ a pas encore parlé.
3. Nous allons téléphoner à ______. — Nous allons __________ téléphoner.
4. Nous avons demandé de l'argent à nos ______. — Nous __________ avons demandé de l'argent.
5. Allez-vous prêter ces CD à ______? — Allez-vous __________ prêter ces CD?
6. Elles vont montrer la ville à leurs ______. — Elles vont __________ montrer la ville.

Activité 3 Dialogues

Mettez un cercle autour du verbe qui convient afin de compléter les dialogues.

—Tu ne *connais / sais* pas mes cousins?
—Si. Ton cousin ne *sait / connaît* pas nager. Et ta cousine ne *sait / connaît* pas l'anglais.

—Est-ce que tu *sais / connais* la France?
—Non, mais mes parents *connaissent / savent* nos voisins français et ils nous ont invités en France.
—Est-ce qu'ils *savent / connaissent* quand vous allez faire ce voyage?

Nom ____

Classe ______________________ Date ______________

Discovering FRENCH Nouveau!

BLANC

B

Activité 1 Dialogues

Mettez un cercle autour de la forme du verbe **dire, lire** ou **écrire** qui convient.

—Qu'est-ce que vous *lisent / lisez?*

—Je *lis / lit* un  très intéressant.

—Nos amis viennent de .

—Qu'est-ce qu'ils *avons dit / ont dit?*

—Qu'ils vont arriver à 14h. J'*as dit / ai dit:* Excellent!

—Est-ce que vous *écris / écrivez* souvent des ?

—Oui. J'*écrit / écris* des mails tous les jours.

Activité 2 Correspondances

Faites correspondre les réponses aux questions.

_____ 1. Tu écris cette carte postale à ta copine?
_____ 2. Tu as donné les cadeaux à tes parents?
_____ 3. Tu as écrit la lettre à Stéphanie?
_____ 4. Tu as raconté l'histoire aux enfants?
_____ 5. Tu racontes l'histoire à Jeannot ce soir?
_____ 6. Tu as donné la photo à Caroline?

a. Oui, je les leur ai donnés.
b. Oui, je la lui ai donnée.
c. Oui, je la leur ai racontée.
d. Oui, je la lui écris.
e. Oui, je la lui ai écrite.
f. Oui, je la lui raconte.

Activité 3 Savoir ou connaître?

Complétez les questions en choisissant entre **sais** et **connais.**

1. Est-ce que tu __________ faire la cuisine?
2. Est-ce que tu __________ Paris?
3. Est-ce que tu __________ le numéro de téléphone de l'école?
4. Est-ce que tu __________ tes voisins?
5. Est-ce que tu __________ lire et écrire le français?
6. Est-ce que tu __________ à quelle heure commence le film?
7. Est-ce que tu __________ l'adresse du restaurant?

C

Activité 1 Les loisirs

Répondez aux questions.

1. Quel genre de livres est-ce que tu lis? ______________________
2. Quel livre est-ce que tu as lu récemment? ______________________
3. Est-ce que tu as écrit un mail à ton ami(e) récemment? Quand?

____

Activité 2 À qui?

Écrivez des phrases en utilisant les indices donnés et un pronom complément.

Modèle *rouge / à Corinne / prêter / le week-end prochain*
Je vais lui prêter mon pull rouge le week-end prochain.

1. un / à mes cousins / écrire / cet après-midi

____

2. des / à Éric et à Olivier / prêter / hier

____

3. un / à ma sœur / donner / pour son anniversaire demain

____

4. mes / au prof / rendre / ce matin

____

Activité 3 Savoir ou connaître?

Faites des phrases avec une forme de **savoir** ou de **connaître** et l'une des expressions de la case.

1. Chantal ______________________.
2. Nous ______________________.
3. Karim et Léa ______________________.
4. Jean-Luc ______________________.
5. Est-ce que tu ______________________?

les quartiers de Montréal	conduire
faire une tarte	les monuments de Paris
mon numéro de téléphone	quand Steve est parti
l'adresse du musée	

UNITÉ 4 Reading Comprehension

A

Compréhension

films en exclusivité

EXPLICATION DES SIGNES — GENRE DES FILMS

☐ Interdits aux moins de 16 ans.	A Aventure	E Epouvante Horreur	M Film musical
△ Interdits aux moins de 12 ans.	B Biographie	F Fantastique Science-Fiction	O Comédie dramatique
◆ Recommandés aux très jeunes.	C Comédie	G Guerre	P Policier Espionnage
(vo) : version originale	D Drame	H Historique	W Western
(va) : version anglaise		J Dessin animé Vie animaux	
		K Karaté	

1. Classez les films suivants en utilisant l'explication des signes:

   La guerre des étoiles ______ *Mission impossible* ______ *Shrek* ______

2. Classez les films suivants en utilisant l'explication des signes:

   Panic Room ______ *Hannibal* ______ *Le seigneur des anneaux* ______

3. Que veut dire le symbole **VO**?

   ______

4. Que veut dire **interdit**?

   Ce n'est pas sorti. Ce n'est pas permis. Ce n'est pas soutitré.

5. Quelles catégories de films sont recommandées aux très jeunes, à votre avis?

   ______

Qu'est-ce que vous en pensez?

1. Qu'est-ce qui correspond, aux États-Unis, à:

   △ ______ ❑ ______ ◆? ______

2. Est-ce que l'âge d'entrée est le même, pour ces catégories, qu'aux États-Unis?

   ______

Nom ___________________________

Classe ___________________ Date ___________

B

Palmarès

- Palme d'or : *Le Pianiste* - De Roman Polanski.
- Grand prix : *L'homme sans passé* - D'Aki Kaurismäki.
- Prix du jury : *Intervention divine* - D'Elia Suleiman.
- Prix d'interprétation féminine : Kati Outinen - Dans *L'Homme sans passé*.
- Prix d'interprétation masculine : Olivier Gourmet - Dans *Le Fils*.

Festival de Cannes: Polanski pour une Palme assez académique lundi 27 mai 2002, 11h29
CANNES (AP) - En accordant sa Palme d'Or dimanche soir à Roman Polanski pour "Le pianiste", le jury du 55e Festival de Cannes a couronné un cinéaste de renom, mais aussi un film que beaucoup de festivaliers ont jugé un peu trop classique et académique.
(AP)

Compréhension

1. Comment s'appelle le cinéaste qui a remporté la Palme d'Or en 2002?

   ____

2. En quel mois a lieu la cérémonie du Festival de Cannes?

   ____

3. Quel jour de la semaine a eu lieu la cérémonie?

   ____

4. **De renom** correspond à quel mot anglais?

   famous   Russian   smart

Qu'est-ce que vous en pensez?

1. À votre avis, est-ce qu'on peut voir des films de beaucoup de pays différents, en France?

   Oui, vraiment.   Oui, plutôt.   Non.

2. Comment dit-on "awarded" en parlant d'un prix?

   ____

C

Semaine du 22.05 au 28.05.2002

CINEMA

NOTRE COUP DE COEUR

La guerre à Paris
Entre Jules, 19 ans, et Thomas, 15 ans, deux frères français juifs d'origine polonaise, peu de points communs. Dans le Paris de l'Occupation, l'un est engagé, l'autre pas. Thomas conspire avec une jeune femme communiste espagnole >>>

PROCHAINEMENT A L'AFFICHE

Bientôt dans les salles obscures !
Vous trépignez d'impatience à l'idée de la sortie du prochain épisode de «La guerre des étoiles» ? Vous attendez un nouveau film avec Isabelle Huppert ? Voici quelques-unes des prochaines sorties prévues...pour savoir combien de temps il vous reste à attendre ! >>>

- Bones : 2002. 1h35. Film fantastique américain en couleurs de Ernest R. Dickerson avec Snoop Dogg, Pam Grier, Michael T. Weiss, Clifton Powell, Khalil Kain.
- Le défi : 2001. 1h35. Film musical français en couleurs de Blanca Li avec Blanca Li, Amanda Lear, Marco Prince, Benjamin Chaouat.
- La guerre à Paris : 2001. 1h30. Drame psychologique français en couleurs de Yolande Zauberman avec Elodie Bouchez, Jérémie Rénier, Grégoire Colin, Julien Le Gallou.
- L'intrus. Domestic disturbance : 2002. 1h30. Thriller américain en couleurs de Harold Becker avec John Travolta, Vince Vaughn, Teri Polo, Matt O'Leary, Rebecca Tilney.
- Irréversible : 2002. 1h40. Drame psychologique français en couleurs de Gaspar Noé avec Monica Bellucci, Vincent Cassel, Albert Dupontel, Philippe Nahon.
- Kedma : 2002. 1h40. Film de guerre israélien en couleurs de Amos Gitaï avec Andrei Kashkar, Helena Yaralova, Yussef Abu Warda, Moni Moshonov, Menachem Lang.

Compréhension

1. Parmi les films attendus, quel est le pourcentage des films français?

   25% 50% 90%

2. Comment s'appelle, en anglais, *La guerre des étoiles*?

   ____

3. À quelle époque se passe le film *La guerre à Paris*?

   Première Guerre Mondiale Deuxième Guerre Mondiale

4. Que veut dire **points communs**?

   ____

Qu'est-ce que vous en pensez?

1. Que veut dire **guerre** en anglais?

   ____

2. Comment dit-on "the next episode" en français?

   ____

Unité 5. Vive le sport!

LEÇON 17 Le sport, c'est la santé

A

Activité 1 Le sport

Quels sont les sports illustrés? Quand est-ce qu'on les pratique, d'habitude: **en été, en hiver** ou **toute l'année?**

1. ______________ en été en hiver toute l'année
2. ______________ en été en hiver toute l'année
3. ______________ en été en hiver toute l'année
4. ______________ en été en hiver toute l'année
5. ______________ en été en hiver toute l'année

Activité 2 Le corps

Mettez un cercle autour de la partie du corps associée avec le verbe donné.

1. voir	les mains	la figure	les yeux
2. plier	les jambes	le nez	le cœur
3. entendre	les oreilles	la bouche	le ventre
4. écrire	l'estomac	les mains	les dents
5. parler	la bouche	les doigts	le dos
6. manger	le nez	les cheveux	les dents

Nom ______________________________

Classe ____________________ Date ____________

Discovering FRENCH Nouveau!

BLANC

Activité 3 Ça va ou ça ne va pas?

Décidez si les expressions suivantes veulent dire que **ça va** ☺ ou **ça ne va pas** ☹.

1. Je suis malade. ☺ ☹
2. J'ai mal aux oreilles. ☺ ☹
3. Je suis en bonne santé. ☺ ☹
4. Je suis fatiguée. ☺ ☹
5. Ça va mieux. ☺ ☹
6. J'ai un rhume. ☺ ☹
7. Je n'ai plus mal à la tête. ☺ ☹
8. Je ne me sens pas bien. ☺ ☹

B

Activité 1 Le sport

Complétez les phrases suivantes à l'aide des sports illustrés.

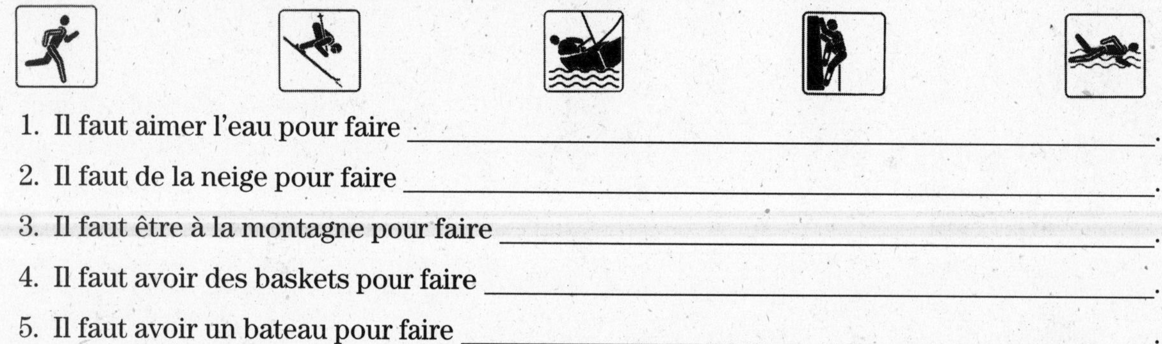

1. Il faut aimer l'eau pour faire ______________________.
2. Il faut de la neige pour faire ______________________.
3. Il faut être à la montagne pour faire ______________________.
4. Il faut avoir des baskets pour faire ______________________.
5. Il faut avoir un bateau pour faire ______________________.

Activité 2 Le corps et le sport

Mettez un cercle autour des deux parties du corps qui correspondent le mieux à chaque activité.

1. faire du jogging	la bouche	les jambes	les pieds	la tête
2. faire de la natation	les bras	la figure	les épaules	les dents
3. faire de l'équitation	les pieds	la bouche	les genoux	les oreilles
4. faire de l'escalade	les doigts	les cheveux	les bras	le cou
5. faire du patinage	le dos	les pieds	la figure	les genoux

Activité 3 Questions

Choisissez la réponse logique.

1. Où est-ce que tu as mal?	a. J'ai mal à la tête.	b. J'ai la grippe.
2. Qu'est-ce que tu as?	a. Je suis en forme.	b. Je suis malade.
3. Tu es malade?	a. Oui, je me sens bien.	b. Oui, j'ai mal aux oreilles.
4. Tu n'as pas bien dormi?	a. Non, j'ai un rhume.	b. Non, et je suis fatigué.

Nom ____

Classe ______________________________ Date ______________

Discovering FRENCH Nouveau!

BLANC

C

Activité 1 Le sport

Écrivez des phrases qui disent que ces personnes pratiquent les sports illustrés.

1. Moi, je ____.
2. Philippe ____.
3. Nathalie et Caroline ______________________________________.
4. Est-ce que tu ____?
5. Thomas et Xavier ____.
6. Nous ____.

Activité 2 Les parties du corps

Écrivez la partie du corps qui correspond à chaque définition.

1. C'est entre l'épaule et la main. C'est ____________________.
2. C'est pour plier la jambe. C'est ____________________.
3. On les mets dans des chaussures. Ce sont ____________________.
4. La main en a cinq. Ce sont ____________________.
5. C'est un synonyme d'estomac. C'est ____________________.
6. C'est pour écouter. Ce sont ____________________.

Activité 3 Oh là là!

Complétez les phrases en disant où vous avez mal, ce que vous avez ou comment vous allez.

1. J'ai trop mangé! J'ai mal ____________________.
2. Je n'ai pas dormi! Je ____________________.
3. C'est l'hiver et j'ai de la température! J'ai ____________________.
4. J'ai pris froid! J'ai un ____________________.
5. Je ne suis plus très malade. Ça va ____________________.

LEÇON 18 Un vrai sportif

A

Activité 1 Qu'est-ce que vous faites?

Décidez s'il faut compléter les phrases avec le pronom **y** ou **lui.**

1. J'apporte ces sandwichs à la fête.
   Je / J'__________ apporte ces sandwichs.
2. Tu donnes un cadeau à ma soeur.
   Tu __________ donnes un cadeau.
3. Il retrouve ses copains au café.
   Il __________ retrouve ses copains.
4. Nous allons à l'école.
   Nous __________ allons.
5. Il téléphone à sa copine tous les soirs.
   Il __________ tous les soirs.

Activité 2 L'alimentation, le sport

Décidez s'il faut compléter les phrases avec le pronom **en** ou **le / les.**

1. Est-ce que tu __________ veux?
2. Est-ce que vous __________ voulez?
3. Je peux __________ manger?
4. Est-ce que tu peux __________ apporter à la fête?
5. Est-ce que tu __________ fais toutes les semaines?

Activité 3 Les habitudes

Mettez les phrases suivantes en ordre de 1 à 5, en commençant avec l'activité faite le moins souvent jusqu'à l'activité faite le plus souvent.

_____ a. Je joue parfois au tennis.

_____ b. Nous rendons souvent visite à nos grands-parents.

_____ c. Ma soeur ne mange presque jamais de légumes.

_____ d. Nous allons de temps en temps à la campagne le week-end.

_____ e. Mes cousins vont rarement en vacances.

Nom ______________________________

Classe ______________________ Date ______________

Discovering FRENCH Nouveau!

BLANC

B

Activité 1 J'y vais!

Mettez un cercle autour de ce qui se remplace avec le pronom **y** et réécrivez les phrases.

1. Je vais / retrouver / mes parents / au restaurant.

   ____

2. Il va / chez son copain / après l'école.

   ____

3. J'ai mis / les CD / dans ton sac.

   ____

4. Elle a décidé / d'étudier / à la bibliothèque.

   ____

5. Nous avons mis / les clés / sur la table.

   ____

Activité 2 Un peu de tout

Choisissez le pronom qui peut remplacer les expressions en italique.

l'	les	lui	leur	y	en

_____ 1. Je vais *à la boulangerie.*

_____ 2. Je donne un CD *à ma soeur.*

_____ 3. Claire aime *les fruits.*

_____ 4. J'écris une lettre *à mes parents.*

_____ 5. Je joue au foot *au stade.*

_____ 6. Nous mangeons *de la glace.*

_____ 7. Mon père aime *la musique classique.*

_____ 8. Ma mère travaille *dans un magasin.*

_____ 9. J'adore *le chocolat.*

Activité 3 Quelques expressions

Faites correspondre les mots et les expressions qui sont similaires.

_____ 1. je pense que . . .

_____ 2. quelquefois

_____ 3. d'après moi . . .

_____ 4. rarement

a. selon moi . . .

b. ne . . . presque jamais

c. je trouve que . . .

d. de temps en temps

C

Activité 1 Questions

Répondez aux questions affirmativement ou négativement en utilisant le pronom **y**.

1. Combien de fois par mois est-ce que tu vas au cinéma?

____

2. Est-ce que tu aimes aller à la plage?

____

3. Est-ce que tu as déjà participé à un match de sport?

____

4. Qu'est-ce que tu mets tous les jours dans ton sac à dos?

____

5. Est-ce que tu vas aller à Montréal cette année?

____

Activité 2 J'en ai.

Répondez aux questions en utilisant le pronom **en.**

1. Combien de frères est-ce que tu as? _______________
2. Est-ce qu'il y a des boutiques dans ton quartier? _______________
3. Est-ce que tu fais souvent de la gymnastique? _______________
4. Y a-t-il assez de lait pour le petit déjeuner? _______________
5. Est-ce que ta mère va acheter du saumon? _______________

Activité 3 Opinions

Réécrivez les phrases en utilisant une expression d'opinion et le pronom **y** ou **en**.

1. Il faut boire de l'eau tous les jours.

_______________, il faut _______________.

2. On ne doit pas aller au supermarché quand on a faim.

Je _______________.

3. Il faut aller en France pour apprécier la cuisine du pays.

Je _______________.

4. MAGASIN Il ne faut pas aller trop souvent aux grands magasins.

_______________, il ne faut pas _______________.

LEÇON 19 Jérôme se lève?

A

Activité 1 Une visite chez le médecin

Complétez les phrases à l'aide des mots donnés.

la	les

1. Le médecin arrive. Il a ________________ cheveux bruns.
2. Il se lave ________________ mains.
3. Il dit: "Ouvrez ________________ bouche, s'il vous plaît."
4. Je lui dis que j'ai mal à ________________ tête.

Activité 2 Pendant les vacances

Mettez un cercle autour du verbe le plus logique.

1. En vacances, nous *nous levons / nous reposons* assez tard.
2. Je *me couche / m'habille* toujours très vite le matin.
3. Après le déjeuner, Robert *se couche / se promène*.
4. L'après-midi, Maman *se repose / se lève*.
5. Toi aussi, est-ce que tu *te réveilles / te couches* vers minuit?

Activité 3 La routine du matin

Complétez les phrases à l'aide des images.

1. Le matin, je me lave avec du ________________________.

2. Je me lave les cheveux avec du ________________________.

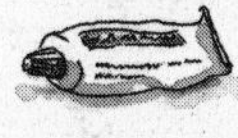

3. Je me brosse les dents avec du ________________________.

4. Ma soeur se maquille avec du ________________________.

5. Mon frère se rase avec un ________________________.

Nom ____

Classe ______________________ Date ______________

Discovering FRENCH Nouveau!

BLANC

B

Activité 1 Au centre commercial

Complétez le dialogue suivant.

le	la	les

—Ton ami, est-ce qu'il a ______________ yeux bleus?

—Non, ils sont bruns.

—Est-ce qu'il a ______________ cheveux courts?

—Non, ils sont longs.

—Décris-le un peu.

—Il a ______________ nez court, ______________ figure un peu carrée et ______________ épaules larges.

—Oui, c'est lui que j'ai vu hier au centre commercial.

Activité 2 Nicolas

Votre frère Nicolas est assez paresseux, surtout le week-end. Décrivez ses activités en mettant un cercle autour du verbe qui convient.

D'abord, Nicolas *se lève / se réveille* à 9h45 du matin mais il reste au lit pendant un quart d'heure. Ensuite, il *se lève / se lave* et il va à la salle de bains pour *se laver / se reposer*. Il va dans sa chambre pour *s'habiller / se raser*, puis il téléphone à son copain Olivier. Olivier arrive à 10h15 et ils *se brossent / se promènent* en ville. Quand ils sont fatigués, ils *se peignent / se reposent* devant la télé. Le soir, Olivier rentre chez lui et Nicolas dîne avec nous. Il *se maquille / se couche* assez tard.

Activité 3 L'intrus

Dites ce que vous faites avec les objets illustrés en choisissant les mots de la case.

lave	maquille	peigne	brosse les dents	lave les cheveux

1. Je me ______________________________.
2. Je me ______________________________.
3. Je me ______________________________.
4. Je me ______________________________.
5. Je me ______________________________.

Nom ______________________________

Classe ____________________ Date ______________

C

Activité 1 Qui dans ta famille...

Répondez aux questions.

1. . . . a les yeux bleus? ____________________
2. . . . a les cheveux marron? ____________________
3. . . . a la cheveux longs? ____________________
4. . . . a les dents blanches? ____________________
5. . . . a les jambes longues? ____________________

Activité 2 Le samedi

Décrivez la routine de votre famille, à l'aide des illustrations.

1. Mon père ______________ à 8h du matin.
2. Mon petit frère ______________ tout seul.
3. Nous ______________ avant le repas.
4. Je ______________ après le repas.
5. Mes petites soeurs ______________ à 21h.

Activité 3 Le matin

Complétez les phrases avec des articles de toilette, suivant les illustrations.

1. Je me lave avec du ______________.
2. Hélène se brosse les dents avec du ______________.
3. Ensuite, elle se maquille avec du ______________.
4. Anthony se lave les cheveux avec du ______________.
5. Ensuite, il utilise un ______________.

Nom ____

Classe ______________________________ Date ______________

Discovering FRENCH Nouveau!

BLANC

LEÇON 20 J'ai voulu me dépêcher

A

Activité 1 Chut!

Faites correspondre les phrases qui ont approximativement le même sens.

_____ 1. Il ne faut pas parler. a. Souvenez-vous en!

_____ 2. Il ne faut pas l'oublier. b. Arrêtez-vous!

_____ 3. Il ne faut pas avancer. c. Excusez-moi!

_____ 4. Il faut aller vite. d. Dépêchez-vous!

_____ 5. Il faut dire pardon. e. Taisez-vous!

Activité 2 Ce matin

Complétez les phrases. Est-ce qu'il faut faire l'accord entre le sujet et le participe passé? À vous de décider.

se lever 1. Mélanie ne s'est pas ____________________ tôt.

se laver les cheveux 2. Elle s'est ____________________.

se brosser les dents 3. Sa petite soeur s'est ____________________.

se dépêcher 4. Ses frères se sont ____________________.

se maquiller 5. Sa mère et sa grande soeur se sont ____________________.

Activité 3 Le week-end prochain

Complétez les phrases en décidant s'il faut mettre le verbe à l'infinitif avec **se** ou **me / nous**.

1. D'habitude, je me couche à 10h. Mais ce soir, il y a un bon film à 11h. Alors, je ne veux pas ____________________!
2. D'habitude, Amélie se lève à 6h30 mais ce week-end elle va ____________________ à 10h.
3. D'habitude, je me promène avec une amie mais demain je vais ____________________ avec mon copain.
4. D'habitude, nous ne nous dépêchons pas, mais si nous voulons arriver à l'heure, nous devons ____________________
5. D'habitude, nous ne nous reposons pas mais avant notre match de tennis, il va falloir ____________________!

Nom ______________________________

Classe ____________________ Date ____________

B

Activité 1 L'impératif

Mettez un cercle autour de l'impératif que quelqu'un va entendre dans les circonstances données.

1. Tu es à la bibliothèque quand ta copine arrive et commence à te parler.
   a. Amuse-toi! b. Dépêche-toi! c. Tais-toi!
2. Il est assez tard et tu es très fatigué. Ta mère entre dans la pièce et te dit:
   a. Excuse-toi! b. Couche-toi! c. Souviens-toi!
3. Tu arrives au ciné en retard. Tes amis sont déjà entrés dans la salle.
   a. Assieds-toi! b. Arrête-toi! c. Repose-toi!
4. Il est déjà 7h30 du matin et les cours commencent à 8h. Tu es toujours au lit.
   a. Lave-toi! b. Tais-toi! c. Lève-toi!
5. Tu pars en colonie de vacances. Tes parents te disent:
   a. Amuse-toi! b. Excuse-toi! c. Promène-toi!

Activité 2 Le week-end dernier

Complétez les phrases au passé composé, en décidant s'il faut faire, ou ne pas faire, l'accord entre le sujet et le participe passé.

1. (se brosser les cheveux) Christine s' ______________________.
2. (se laver les mains) Je me ______________________.
3. (se promener) Nous nous ______________________ en ville.
4. (s'amuser) Nous avons vu un film et nous nous ______________________.
5. (se dépêcher) Ensuite, nous nous ______________________ de rentrer.

Activité 3 Demain

Voici ce que Nicole va faire avant de sortir demain matin. Complétez les phrases.

1. Elle va ______________________ à 9h.
2. Elle va ______________________.
3. Elle va ______________________.
4. Elle va ______________________.
5. Elle va ______________________.

C

Activité 1 Aujourd'hui

Votre mère vous fait ses recommendations. Elle vous dit six choses à faire ou à ne pas faire pendant la journée, en utilisant l'impératif et un verbe réfléchi.

1. ☺ ______________
2. ☺ ______________
3. ☺ ______________
4. ☺ ______________
5. ☺ ______________
6. ☹ ______________

Activité 2 Une histoire

Réécrivez les phrases suivantes au passé composé pour raconter une histoire.

1. Je me lève à 7h. ______________
2. Je me brosse les dents. ______________
3. Je m'habille. ______________
4. Ma soeur et moi, nous nous dépêchons. ______________
5. Mon père s'arrête au feu rouge devant l'école. ______________

Activité 3 Tout à l'heure

Répondez aux questions en disant que ces personnes vont faire ces activités plus tard.

1. —Est-ce que vous vous asseyez ici?
   —Non, mais nous ______________.
2. —Est-ce que tu t'arrêtes à la bibliothèque?
   —Non, mais je ______________.
3. —Vous vous lavez les mains?
   —Non, mais nous ______________.
4. —Est-ce que tu te reposes?
   —Non, mais je ______________.
5. —Tu crois qu'ils s'amusent?
   —Non, mais je ______________.

UNITÉ 5 Reading Comprehension

A

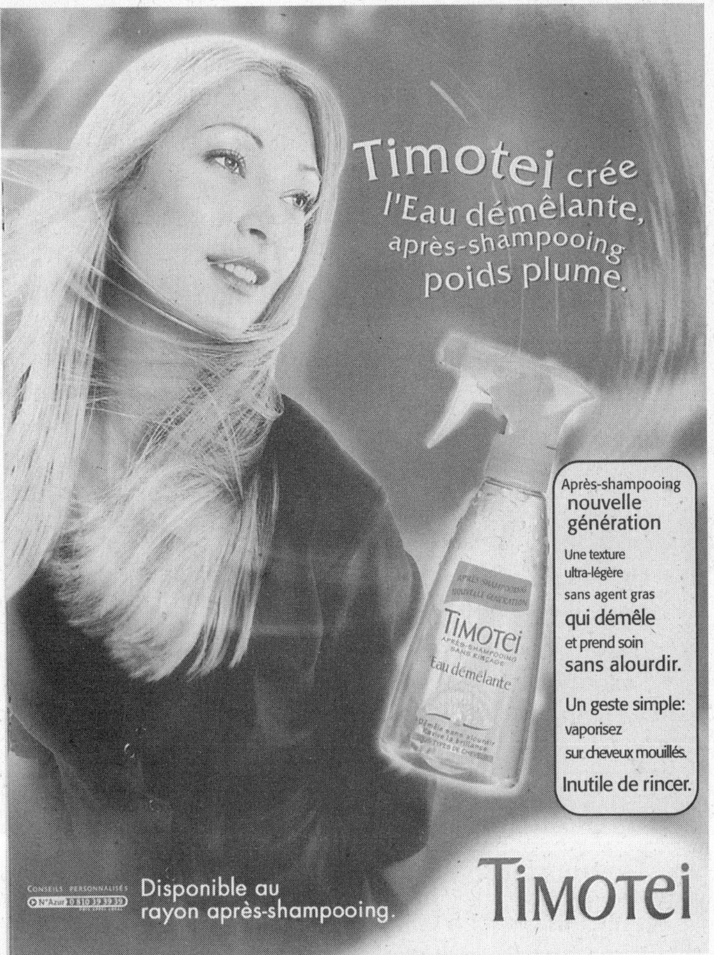

Compréhension

1. Où est-ce qu'on met ce produit?

   sur ______________________

   ____

2. Est-ce que ce produit est un shampooing?

   oui non

3. Quand est-ce qu'on utilise ce produit?

   après ______________________

   ____

4. Que veut dire **démêler**?

   ____

   ____

5. Est-ce qu'il faut rincer?

   oui non

Qu'est-ce que vous en pensez?

1. Que veut dire **mouillé?**

   dry wet

2. Que veut dire **poids plume?**

   light heavy

Nom ______________________________

Classe ____________________ Date ____________

BLANC

B

Bon à savoir

Rollers en ville: quelques règles de bonne conduite

Pour l'instant, la loi considère les utilisateurs de rollers comme des piétons. À ce titre, ils sont censés se comporter comme ces derniers, à savoir qu'ils doivent:

- Rouler (doucement) sur les trottoirs ou à droite sur les pistes cyclables.
- Utiliser uniquement les passages réservés aux piétons pour traverser.
- Respecter les feux tricolores et, plus généralement, la signalisation.

Bien sûr, il faut adapter ces textes à la réalité, étant donné que l'intérêt de se déplacer en rollers, c'est d'aller plus vite qu'à pied! De plus, on peut penser qu'avec le million de paires vendues par an en moyenne, les trottoirs seront bientôt trop petits! L'essentiel, c'est de préserver la sécurité des utilisateurs de rollers comme celle des piétons. Pour cela, il est essentiel de suivre ces conseils:

- Portez des protections aux mains (impératif) et aux genoux, sans oublier le plus important: le casque sur la tête.
- Ne vous mêlez surtout pas à la circulation des autos et des deux-roues. N'essayez pas de rivaliser!
- Ne vous accrochez jamais derrière une voiture (encore moins derrière un bus). Promis?

Il n'y a aucune interdiction particulière pour garder les rollers dans le métro de Paris ou d'autres villes. En revanche, vous devrez les quitter dans l'autobus.

Compréhension

1. On trouve la base du mot **piéton** dans une partie du corps. Comment circule un **piéton?**

   en train en voiture à pied à vélo

2. Les gens qui font du roller en ville doivent suivre les mêmes règles que les gens qui sont...

   à scooter. à pied. à moto. à vélo.

3. Combien de paires de rollers sont vendues par an en France, approximativement?

   1 000 1 000 000 10 000 500 000

4. Quelles trois parties du corps est-ce qu'on doit protéger, selon l'article?

   les pieds les genoux les mains le dos la tête

5. Donnez un exemple d'un **deux-roues:**

   ____

Qu'est-ce que vous en pensez?

1. Que veut dire le verbe **se mêler?**

   ____

2. Comment dit-on "sidewalk" en français?

   ____

C

Compréhension

1. Que veut dire **bouger?**

   rester tranquille   être actif / active

2. Que veut dire **s'éclater?**

   s'amuser   s'ennuyer

3. Quel est le synonyme de **piste?**

   la montagne
   le chemin qu'on prend pour descendre
   le remonte-pente

4. Quel est le synonyme de **crevant?**

   amusant   ennuyeux   fatigant

5. Quel est l'équivalent de l'expression **Et puis quoi encore?**

   Oh oui, super!   Jamais de la vie!

6. Quand on dit **une aventure à partager,** ça veut dire:

   une aventure avec personne d'autre

   une aventure avec quelqu'un d'autre

Qu'est-ce que vous en pensez?

1. Comment dit-on, en français, "black diamond trail" en parlant de ski?

   ____
   ____
   ____
   ____

2. Que veut dire **squatter** et de quelle langue vient cette expression?

   ____
   ____
   ____
   ____

Quelle Sportive es-tu?

1 Quand tu vas en cours . . .
a tu prends le bus.
b . . . tu demandes que l'on t'emmène en voiture.
c . . . tu y vas à pied.

2 Pour le cours d'éducation physique:
a tu te fais dispenser le plus souvent possible.
b tu l'attends avec impatience.
c tu le suis, mais cela t'arrive de râler.

3 Le week-end . . .
a . . . tu te bouges un maximum.
b . . . tu fais du shopping.
c . . . tu dors.

4 En vacances:
a tu ne fais rien du tout.
b tu bouges un peu plus que pendant l'année.
c tu en profites pour découvrir de nouveaux sports.

5 Quand tu fais du vélo . . .
a . . . tu te chronomètres.
b . . . tu rêves d'un scooter.
c . . . tu t'éclates.

6 À la piscine, lorsque tu plonges, tu penses:
a au saut que tu vas effectuer après celui-là.
b à bien tendre tes jambes.
c à la température de l'eau.

7 Au ski, arrivée en haut des cimes:
a tu admires le paysage et repères la piste qui te convient.
b tu chausses tes skis et files vers la piste noire.
c tu pars à la recherche du refuge pour squatter la terrasse toute la journée.

8 Si on te dit «jogging», tu réponds:
a «J'adore!»
b «J'en fais de temps en temps.»
c «Je déteste, c'est crevant.»

9 T'inscrire dans un club de sport, tu en penses quoi?
a Et puis quoi encore?
b Génial, j'en rêve!
c Pourquoi pas un cours de danse . . .

10 Lorsque tu entends parler d'exploits sportifs, tu trouves que c'est:
a un sacré challenge.
b carrément débile.
c une aventure que tu aimerais partager.

	1	2	3	4	5	6	7	8	9	10
a	10	5	15	5	15	15	10	15	5	10
b	5	15	10	10	5	10	15	10	15	15
c	15	10	5	15	10	5	5	5	10	5

Résultats

De 50 à 80 points
Tu n'es pas sportive pour deux sous!

De 85 à 115 points
Tu es une sportive «normale»! Baignade, volley, tennis, tu apprécies aussi les randonnées . . . à pied, à cheval ou à vélo!

De 120 à 150 points
Tu es une vraie «miss compet'.» C'est très simple, sans activité physique, tu dépéris! L'entraînement ne te suffit pas toujours et tu participes à des compétitions.

Unité 6. Chez nous

LEÇON 21 La maison

A

Activité 1 Chez nous

Où se trouve les pièces?

	en haut	en bas		en haut	en bas
1. le grenier	❑	❑	4. la cave	❑	❑
2. la cuisine	❑	❑	5. le toit	❑	❑
3. le rez-de chaussée	❑	❑	6. le salon	❑	❑

Activité 2 Le mobilier et l'équipement

Dans quelle pièce se trouve le mobilier ou l'équipement suivant? Marquez les numéros sur l'illustration.

1. le lave-vaisselle
2. le lit
3. le four
4. la baignoire
5. le lavabo
6. le fauteuil
7. la douche
8. l'évier

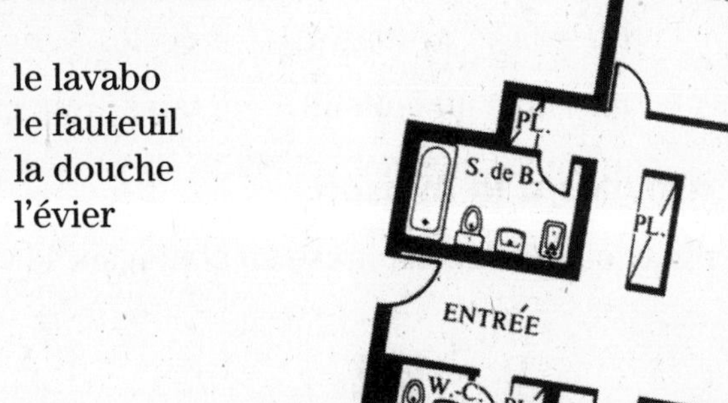

Activité 3 Les activités à la maison

Mettez un cercle autour des deux mots qui correspondent aux verbes donnés.

1. ouvrir — la fenêtre / le salon / le réfrigérateur / le fauteuil
2. fermer — le jardin / l'escalier / la porte / le four
3. allumer — la télé / la cuisinière / le grenier / le couloir
4. éteindre — l'étagère / la lampe / le toit / le four à micro-ondes
5. mettre — le lave-vaisselle / la cave / la douche / la table

Nom ______________________________

Classe ____________________ Date ____________

Discovering FRENCH *Nouveau!*

BLANC

B

Activité 1 Les pièces de la maison

Choisissez la pièce où on fait les activités suivantes.

1. C'est là où on prend une douche. C'est ____________.
2. C'est là où on va se coucher. C'est ____________.
3. C'est là où on dîne. C'est ____________.
4. C'est là où on regarde la télévision. C'est ____________.
5. C'est là où on prépare les repas. C'est ____________.
6. C'est là où on garde les vieilles choses. C'est ____________.

la cuisine
la salle à manger
la chambre
la salle de bains
le salon
le grenier

Activité 2 Le mobilier et l'équipement

Mettez un cercle autour du mobilier ou de l'équipement qui se trouve dans la pièce donnée.

1. la cuisine	une lampe / une cuisinière / un four / des rideaux
2. la chambre	un lit / un grille-pain / une clé / un bureau
3. la salle de bains	une baignoire / un appareil / une douche / un lave-vaisselle
4. le garage	un sofa / un sous-sol / un vélo / une voiture
5. le salon	un toit / un fauteuil / un tapis / un évier

Activité 3 Les activités à la maison

Choisissez un verbe et complétez la phrase en conjugant le verbe.

1. Il fait froid. ____________ la  !
2. J'ai faim. Je vais dans la cuisine et j'____________ le 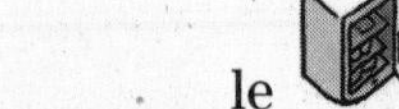.
3. Le poulet est prêt. J'____________ le .
4. J'entre dans le salon. J'____________ la .
5. Il est 19h. ____________ la , Maman sera contente.

C

Activité 1 Questions

Répondez aux questions.

1. Est-ce que tu habites dans une ville ou un village?
   ____
2. Est-ce que vous habitez dans un appartement ou une maison individuelle?
   ____
3. Combien de pièces et de chambres y a-t-il chez vous?
   ____
4. À quel étage est ta chambre?
   ____
5. Est-ce qu'il y a un grenier et une cave?
   ____

Activité 2 Les pièces de la maison

Écrivez, dans les pièces, le nom de deux ou trois choses qui s'y trouvent.

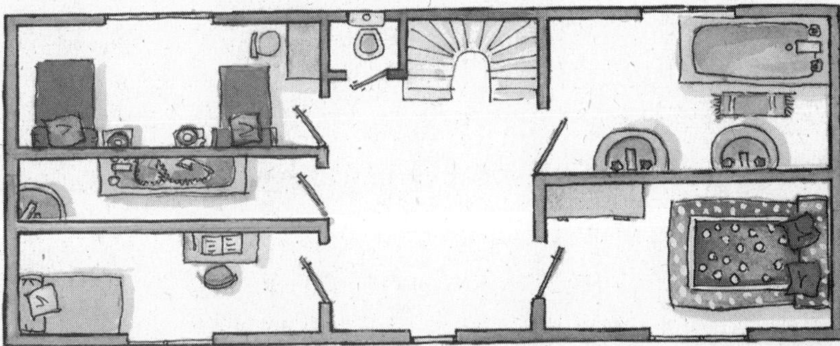

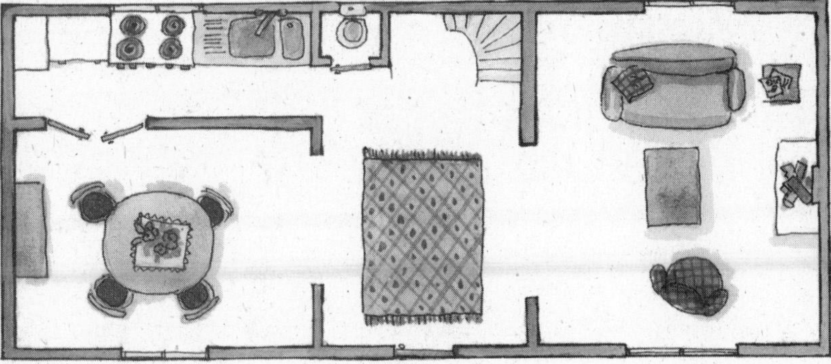

Activité 3 Les activités à la maison

Choisissez le verbe qui convient dans chaque phrase et écrivez la forme correcte.

1. Quand il fait chaud dans la pièce, nous ____________ la fenêtre.
2. Quand je sors, je ____________ la porte à ____________.
3. À partir de 18h, nous ____________ les lampes.
4. Le poulet est prêt. J'____________ le four.
5. Nous ____________ la table à 19h et nous dînons à 20h.

Nom ______________________________

Classe ____________________ Date ____________

LEÇON 22 C'est quelqu'un que tu connais

A

Activité 1 Vivre

Complétez les phrases avec la forme correcte du verbe **vivre**. Marquez d'un astérisque les phrases dans lesquelles on peut aussi utiliser le verbe **habiter**.

1 Je __________ dans un appartement.

2 Nous __________ à Boston depuis cinq ans.

3. Avant, nous avons __________ à Los Angeles.

4. Mes grands-parents __________ une vie simple.

5. Mes parents ne veulent pas __________ à la campagne.

Activité 2 La semaine dernière

Décidez s'il faut utiliser **avoir (a)** ou **être (b)** pour mettre ces verbes au passé composé.

____	1. parler	____	5. monter	____	9. s'habiller
____	2. se coucher	____	6. être	____	10. aller
____	3. vivre	____	7. montrer	____	11. avoir
____	4. venir	____	8. se réveiller	____	12. partir

Activité 3 Dialogues

Complétez les phrases avec **qui** ou **que.**

— Comment s'appelle le [garçon] __________ je vois là-bas?

— Le garçon __________ parle avec [la fille] ? Il s'appelle Matt.

— Tiens, voilà le [livre] __________ j'ai lu pendant les vacances.

— Merci, je vais le lire aussi.

— Est-ce que tu as vu les [clés] __________ j'ai mises sur la table?

— Elles étaient à toi, les clés __________ étaient sur la 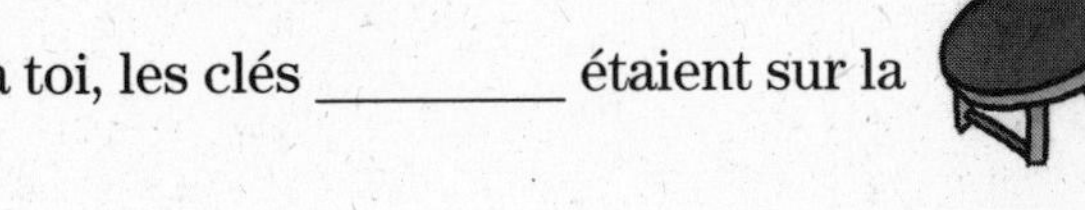 ?

Nom ____

Classe ______________________ Date ______________

Discovering FRENCH Nouveau!

BLANC

B

Activité 1 Vivre

Complétez les phrases avec la forme correcte du verbe **vivre.** Marquez d'un astérisque les phrases dans lesquelles on peut aussi utiliser le verbe **habiter.**

1. Nous ______________ dans le centre-ville.
2. Nos voisins, les Dupont, ______________ bien, maintenant que M. Dupont a du travail.
3. Mes grands-parents ______________ à la campagne depuis cinq ans.
4. Ma tante ______________ à Bruxelles pendant cinq ans.
5. Mon ami d'enfance ______________ à Londres.

Activité 2 La semaine dernière

Répondez aux questions suivantes au passé composé.

1. Où *allez*-vous, le jeudi?
   Jeudi dernier, ____.
2. Qu'est-ce que tu *reçois*, pour ton anniversaire?
   Pour mon anniversaire, ______________________________________.
3. Qu'est-ce que tu *écoutes?*
   Hier, ____.
4. À quelle heure est-ce que vous *rentrez* chez vous?
   Ce soir, ____.
5. Où est-ce qu'elles *se lavent* les mains? En haut?
   Oui, ____.

Activité 3 Qui ou que?

Votre voisin, M. Lefèvre, vous décrit la nouvelle maison que sa femme et lui ont trouvée. Complétez le paragraphe avec **qui** ou **que.**

La maison _____ nous avons trouvée est dans un lotissement moderne. Le jardin _____ est derrière la maison est grand avec un rosier _____ ma femme adore et un garage _____ peut contenir deux voitures. Il y a même une piscine _____ les enfants vont aimer. Voici quelques photos des pièces. Les chambres _____ sont au premier étage sont grandes et la cuisine, _____ ma femme trouve magnifique, est grande aussi.

C

Activité 1 Vivre

Complétez les phrases suivantes en utilisant une forme de **vivre** et une expression de la case.

1. Un jour, je voudrais ______________________.
2. Mes grands-parents ______________________.
3. Est-ce que tu ______________________?
4. Est-ce que vous ______________________?
5. Il y a dix ans, nous avons ______________________.

dans une grande ville
dans un lotissement
dans une ferme
dans le centre-ville
à la campagne
dans une maison individuelle
dans un appartement

Activité 2 C'est fait

Récrivez les phrases suivantes au passé composé.

1. Elle rentre à 7h. ______________________
2. Ils préparent le dîner. ______________________
3. Je mets la table. ______________________
4. Nous nous lavons les mains. ______________________
5. Vous deux, est-ce que vous vous couchez tôt? ______________________

____

Activité 3 Présentations

Complétez les phrases suivantes d'une façon logique.

1. Voilà l'amie qui ______________________.
2. Voilà le garçon que ______________________.
3. La femme que ______________________.
4. Le foot est un sport que ______________________.
5. J'aime les gens qui ______________________.

Nom ______________________________

Classe ______________________ Date ______________

Discovering FRENCH Nouveau!

BLANC

LEÇON 23 À Menthon-Saint-Bernard

A

Activité 1 Habitudes

Complétez les phrases à l'imparfait.

1. Le matin, nous __________ à l'école.

2. L'hiver, nous __________ du ski.

3. J'__________ avec Maman.

4. L'été, je __________ du vélo.

5. Nous __________ dans une maison.

Activité 2 Quand?

Dans chaque paire, mettez un cercle autour de l'expression de temps qui s'utilise le plus souvent avec l'imparfait.

1. plusieurs fois	autrefois	4. chaque jour	un jour
2. le soir	un soir	5. une fois	d'habitude
3. un jeudi	tous les jeudis	6. un hiver	parfois

Activité 3 Une fois ou d'habitude?

Décidez si les phrases suivantes décrivent une action habituelle **(a)** ou spécifique **(b)**. Ensuite, mettez le verbe au passé composé ou à l'imparfait.

Modèle: Un jour, je vais au ciné. b: je suis allé(e)

1. Le matin, je vais à l'école. __________
2. L'après-midi, je fais mes devoirs. __________
3. Jeudi, je vais à la piscine. __________
4. Samedi matin, je vais me promener. __________
5. Ma copine arrive à 4h. __________

Nom ______________________________________

Classe ______________________ Date ______________

B

Activité 1 Le samedi

Complétez les phrases avec le verbe à l'imparfait.

1. Il __________ à ses cousins le matin.
2. Nous __________ les courses.
3. Elles __________ au café l'après-midi.

4. Nous __________ .
5. Je __________ la télévision, le soir.

Activité 2 Habitudes

Mettez un cercle autour de la forme correcte de l'imparfait et soulignez l'expression de temps.

1. On *va / allait* au cinéma tous les samedis.
2. Je *donnais / donne* parfois des cadeaux à mes grands-parents.
3. Mes amis me *rendais / rendaient* visite chaque week-end.
4. Nous *jouons / jouions* souvent aux jeux d'ordinateur.
5. Tu *faisais / fais* tes devoirs le soir.

Activité 3 Quelques situations

Décidez si les phrases suivantes décrivent une action habituelle / progressive **(a)** ou spécifique **(b)**.

1. J'aidais (___) ma mère dans le jardin quand il a commencé (___) à pleuvoir.
2. Elle lisait (___) un livre quand quelqu'un lui a téléphoné (___).
3. L'accident s'est passé (___) quand j'étais (___) à la boulangerie.
4. Nous dînions (___) au restaurant quand ma tante est passée (___) par hasard.
5. Tu as levé la main (___) pendant que le prof parlait (___).

C

Activité 1 D'habitude, le week-end

Mettez les phrases à l'imparfait.

1. Nous sommes sortis. ______________________
2. Nous avons joué aux cartes. ______________________
3. J'ai regardé un film avec mon frère. ______________________
4. Ma soeur a mis la table. ______________________
5. Mes cousins ne sont pas allés à la piscine. ______________________

Activité 2 Des activités variées

Faites des phrases à l'imparfait avec les éléments donnés.

1. Olivier / chaque après-midi ______________________
2. Mes copains / le mercredi ______________________
3. Tu / chaque soir ______________________
4. Nous / tous les samedis ______________________
5. Je / tous les étés ______________________

Activité 3 Un jour

Complétez les phrases avec un verbe à l'**imparfait** ou au **passé composé,** selon le reste de la phrase.

1. Il a commencé à neiger quand ______________________.
2. __________ au café quand il y eu un accident dans la rue.
3. Mes parents se promenaient au centre commencial quand ______________________.
4. Nous __________ des photos quand il a commencé à pleuvoir.
5. Le voisin dormait quand ______________________.

Nom ______________________________

Classe ____________________ Date ______________

LEÇON 24 Montrez-moi vos papiers!

A

Activité 1 La route

Faites correspondre les termes et leur définition.

____ 1. une personne qui a vu un accident — a. une conductrice

____ 2. passer d'un côté à l'autre de la rue — b. un témoin

____ 3. quelqu'un qui conduit une voiture — c. heurter

____ 4. frapper contre quelque chose ou quelqu'un — d. traverser

Activité 2 Hier

Décidez s'il faut utiliser l'imparfait ou le passé composé, puis transformez le verbe.

Modèle: Il *est* [12:00]. (l'imparfait) le passé composé Il était midi.

1. Il *fait* ____. l'imparfait le passé composé ______________
2. Je *me promène* dans le ____. l'imparfait le passé composé ______________
3. Je *vois* des ____. l'imparfait le passé composé ______________

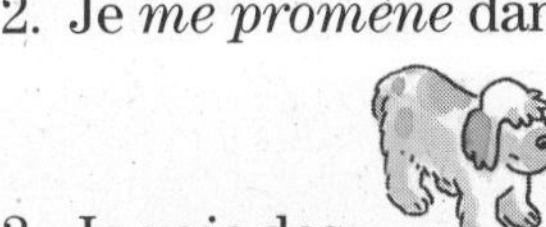

4. J'*ai* ____. l'imparfait le passé composé ______________

5. Je *vais* au ____. l'imparfait le passé composé ______________

Activité 3 Une histoire

Mettez un cercle autour des verbes qui complètent correctement le paragraphe.

Hier, *je prenais / j'ai pris* le métro quand *je rencontrais / j'ai rencontré* mes copines Claire et Nathalie. On *décidait / a décidé* d'aller au café. *Je / J' / mangeais / ai mangé* un sandwich et mes amies *ont bu / buvaient* un soda quand tout à coup, il *commençait / a commencé* à pleuvoir!

Nom ______________________________________

Classe ____________________ Date ____________

Discovering FRENCH *Nouveau!*

BLANC

B

Activité 1 Un accident

Mettez un cercle autour de l'expression qui convient.

1. *Le conducteur / Le panneau* de la voiture était un vieil homme.
2. Il est arrivé au *témoin / panneau.*
3. Une moto *a heurté / a traversé* la voiture.
4. Une voiture de police *arrivait / est arrivée.*
5. Comme j'étais *témoin / conductrice,* j'ai dit au policier ce que j'ai vu.

Activité 2 Hier

Pour mettre l'histoire au passé, décidez s'il faut utiliser l'imparfait ou le passé composé.

1. Ce matin, je me réveille à 7h.
   - Hier matin, je me réveillais à 7h.
   - Hier matin, je me suis réveillé à 7h.
2. Je suis content parce que je suis en vacances.
   - J'ai été content parce que j'ai été en vacances.
   - J'étais content parce que j'étais en vacances.
3. Le téléphone sonne. C'est Paul.
   - Le téléphone a sonné. C'était Paul.
   - Le téléphone sonnait. Ça a été Paul.
4. Il m'invite chez lui.
   - Il m'invitait chez lui.
   - Il m'a invité chez lui.
5. Je vois son nouveau scooter.
   - J'ai vu son nouveau scooter.
   - Je voyais son nouveau scooter.

Activité 3 Une histoire

C'est lundi et Philippe raconte à sa copine Anna ce qui s'est passé samedi soir. Mettez un cercle autour des verbes qui complètent correctement son histoire.

Samedi soir, Nicolas et moi, nous *sommes allés / allions* chez Daniel pour regarder la télé et jouer aux jeux vidéo. Ensuite, il *était / a été* tard, alors on *décidait / a décidé* de partir. Mais il *a neigé / neigeait!* Quelle surprise! Nous *ne voulions pas / n'avons pas voulu* avoir d'accident, alors on a conduit très prudemment. Ça nous *a pris / prenait* deux heures pour rentrer—normalement, ça prend une demi-heure!

C

Activité 1 Le témoin

Tu es témoin d'un accident. Répondez aux questions de la police.

1. Quel temps faisait-il?
____
2. Combien de voitures est-ce qu'il y avait dans la rue?
____
3. Qu'est-ce qui est arrivé?
____
4. S'il y avait des autres témoins, combien étaient-ils?
____
5. Décrivez la personne qui conduisait.
____

Activité 2 Le premier jour de l'école

Aurélie raconte ce qui s'est passé le premier jour de l'école.

1. Quand je suis arrivée à l'école, mes amis _______________.
2. Je suis allée vers le bâtiment et ils _______________.
3. Je suis entrée dans la classe. La prof _______________.
4. Pendant la récréation, je jouais avec un ballon quand _______________.
5. Je lui ai dit de ne pas faire ça, mais il _______________.

Activité 3 Un match de foot

Mettez un cercle autour du verbe qui convient.

Samedi, nous *sommes allés / allions* au match de foot entre Paris-St Germain et Bordeaux. Le match *était / a été* à Paris. Il *commençait / a commencé* à 16 heures. Il *a plu / pleuvait*, mais nous *avons été / étions* contents d'assister au match. L'orchestre *a joué / jouait* pendant la mi-temps. Ensuite, Paris-St Germain *a marqué / marquait* un but. Mais à la dernière minute, Bordeaux *a tiré / tirait* deux buts et ils *ont gagné / gagnaient* le match. *C'était / Ça a été* un match intéressant.

Nom ____

Classe ______________________________ Date ______________

UNITÉ 6 Chez nous

Lecture

A

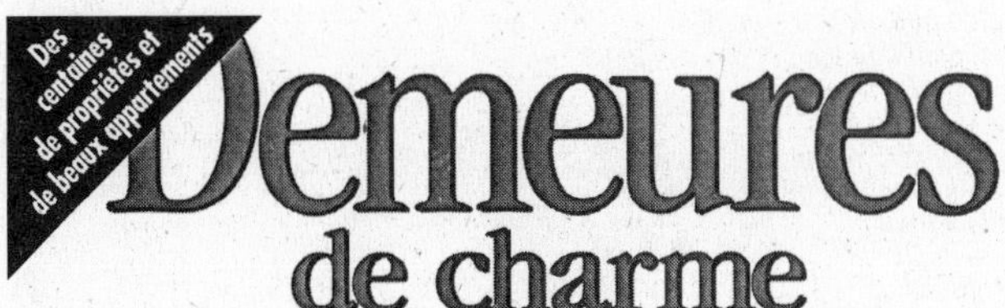

Les belles propriétés en direct

mars/avril 1999 - numéro 63

Au sommaire de ce numéro

- Les maisons de maître, les manoirs, les châteaux et autres belles propriétés...
- Les chaumières, fermettes et autres maisons de caractère
- Les beaux appartements
- Les propriétés outre-mer et ailleurs
- Les villégiatures de prestige

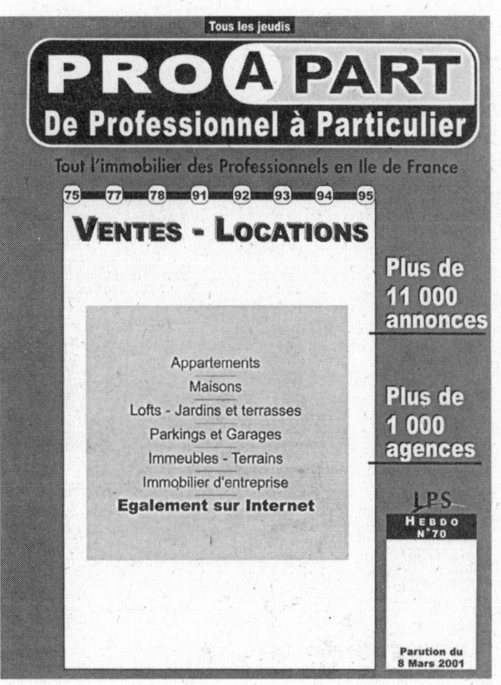

Compréhension

1. Vous cherchez un appartement dans le sud de la France. Quel magazine allez-vous acheter?

   Pro-à-Part **Demeures de charme** les deux

2. Vous cherchez un stationnement. Quel magazine allez-vous acheter?

   Pro-à-Part **Demeures de charme** les deux

3. Quel magazine apparaît plus souvent?

   Pro-à-Part **Demeures de charme** les deux

4. Quel magazine vous offre la possibilité de chercher sur Internet?

   Pro-à-Part **Demeures de charme** les deux

5. Que veut dire **immobilier d'entreprise?**

   ____

Qu'est-ce que vous en pensez?

1. Comment dit-on "postings" en français?

   ____

2. Que veut dire **particulier?**

   ____

Nom ______________________________

Classe ______________________ Date ______________

B

Votre spécialiste du canapé déhoussable

Ouvert le dimanche : PARIS VIIe

"Tout pour votre bien-être intérieur…"

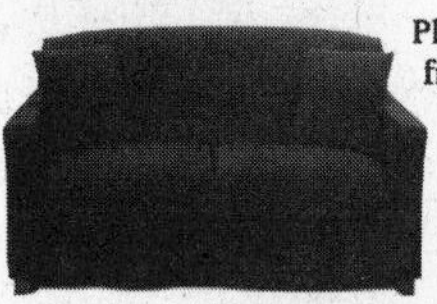

Plus de 40 modèles de canapés fixes ou convertibles, entièrement déhoussables et réalisables dans plus de 1 000 tissus au choix, dont les plus grands éditeurs.

Meubles anglais en pin massif, fer forgé, objets de décoration. Doubles rideaux…

11, avenue de la Bourdonnais 75007 Paris
163, rue de Vaugirard 75015 Paris
56, rue de Périgueux 16000 Angoulême

Renseignements au 01 45 56 16 33

Livraisons dans toute la France, Paris et banlieue proche gratuite

Compréhension

1. Qu'est-ce qu'on vend dans ce magasin?

   des meubles   des tableaux   des journaux

2. Quel est le synonyme de **sofa?**

   ____

3. Choisissez un exemple de tissu.

   pin   velours   fer

4. Que veut dire **pin massif?**

   solid pine   solid mahogany   solid maple   solid oak

Qu'est-ce que vous en pensez?

1. Comment dit-on **canapés convertibles** en anglais?

   ____

2. Que veut dire **déhoussable?**

   ____

C

Côte d' Azur, à 10 mn de la mer

Grasse (Alpes-Maritimes), 10 mn de Cannes. Calme, mer, soleil. Appartement de caractère, dans immeuble ancien, 50 m² habitables. Au 5ᵉ et dernier étage, ascenseur. Terrasse 51 m² : vue panoramique sur collines et plaines jusqu'à la mer. Parquet neuf. Grandes et hautes fenêtres, 3 balcons, salle de bains. Plein sud. Parfait état. 85,000 €. Son propriétaire répond au © 04.93.65.43.93.

BA128/63

Compréhension

1. Dans quelle région de la France se trouve cet appartement?

   ____

2. Est-ce que c'est un immeuble moderne?

   ____

3. Combien d'étages y a-t-il?

   ____

4. À quel étage est l'appartement?

   ____

5. Comment dit-on "owner" en français?

   ____

Qu'est-ce que vous en pensez?

1. Pourquoi dit-on que c'est un **appartement de caractère?**

   ____

2. Est-ce que cet appartement coûte cher, à votre avis?

   ____

Nom ______________________________

Classe ______________________ Date ______________

Discovering FRENCH *Nouveau!*

BLANC

Unité 7. Soyez à la mode!

LEÇON 25 Achetons des vêtements!

A

Activité 1 Les vêtements et les accessoires

Ajoutez, dans chaque série, le mot qui la complète.

une bague	une chemise	un blouson	un blazer	des baskets

1. ____________ un costume un tailleur
2. ____________ des tennis des bottes
3. ____________ un imper un manteau
4. ____________ un collier des boucles d'oreilles
5. ____________ un chemisier un pull

Activité 2 La couleur, le tissu et le dessin

Choisissez deux mots qui indiquent la couleur, le tissu ou le dessin de ces vêtements.

1.	à carreaux	en polyester	uni	en toile
2.	à fleurs	en velours	en laine	de fourrure
3.	en caoutchouc	en soie	à rayures	de fourrure
4.	de cuir	à carreaux	à fleurs	en laine
5.	en plastique	en toile	en coton	bleu

Activité 3 Dialogues

Choisissez la meilleure réponse.

1. Est-ce que tu vas prendre la robe?
   a. Oui, parce qu'elle est affreuse.
   b. Oui, parce qu'elle est en solde.
2. Quelle est votre pointure?
   a. Elle me va bien.
   b. Je fais du 39.
3. Vous avez choisi?
   a. Non, je vais réfléchir.
   b. Je porte du 38.
4. Est-ce que le maillot de bain vous va?
   a. Non, il est trop cher.
   b. Non, il est trop étroit.

Nom ______________________________________

Classe ______________________ Date ______________

B

Activité 1 Les vêtements et les parties du corps

Quel vêtement n'est normalement pas associé avec la partie du corps donnée?

1. la tête	un chapeau	un blouson	une casquette
2. les jambes	un imper	un pantalon	des collants
3. les mains	une cravate	une bague	des gants
4. les pieds	des baskets	une jupe	des chaussettes
5. les bras	un sweat	un polo	des tennis

Activité 2 Les vêtements et les endroits

D'abord, complétez les phrases en identifiant les vêtements. Puis, décidez si les phrases sont logiques ou non.

1. Mon père porte un ________________ à la plage. oui non
2. Pour aller au lycée, je mets une ________________ bleue. oui non
3. Je mets des ________________ en laine en été. oui non
4. Ma mère porte un ________________ gris au travail. oui non
5. Je porte un ________________ pour faire de la natation. oui non

Activité 3 Au magasin

Faites correspondre la question de la vendeuse avec la réponse la plus logique.

_____ 1. —Aimez-vous ce tissu à rayures?

_____ 2. —Quelle est votre pointure?

_____ 3. —Vous préférez les sandales en cuir ou en caoutchouc?

_____ 4. —Est-ce que ces chaussures vous vont?

_____ 5. —Qu'est-ce que vous pensez de ce pull en solde?

a. —Pour la plage, je préfère le caoutchouc.

b. —C'est un très beau pull.

c. —Je fais du 39.

d. —Oui, mais je préfère le tissu uni.

e. —Non, elles sont trop grandes.

Nom ____ Discovering FRENCH Nouveau!

Classe ______________________________ Date ______________

BLANC

C

Activité 1 Qu'est-ce qu'ils portent?

Écrivez le nom des vêtements et des accessoires que portent ces personnes dans les circonstances suivantes.

1. Marc va au stade. Il porte ______________________________.
2. Mme. Martin est au bureau. Elle porte ______________________________.
3. Christine va à la plage. Elle porte ______________________________.
4. Philippe va à l'école. Il porte ______________________________.
5. Je sors et il pleut. Je porte ______________________________.

Activité 2 La tenue

Décrivez, avec deux noms de vêtements ou d'accessoires, la tenue que vous associez avec les personnes suivantes.

1. le président des États-Unis ______________________________
2. une joueuse de tennis ______________________________
3. un jockey (à cheval) ______________________________
4. quelqu'un de Londres quand il pleut ______________________________
5. une femme, le soir d'un bal ______________________________

Activité 3 Au magasin

Vous cherchez un nouveau pantalon. Répondez aux questions de la vendeuse.

1. —Vous désirez? —______________________________
2. —Quelle est votre taille? —______________________________
3. —Qu'est-ce que vous aimez, comme tissu? —______________________________
4. —Est-ce que le pantalon vous va? —______________________________
5. —Est-ce qu'il vous plaît? —______________________________

LEÇON 26 Armelle compte son argent

A

Activité 1 Un repas français

Vous souvenez-vous de l'ordre dans lequel les aliments sont consommés, dans un repas français? Identifiez les aliments et choisissez le nombre ordinal correct.

en deuxième	en cinquième	en troisième	en premier	en quatrième

1.  2e Je mange ________________ ________________.
2.  5e Je prends ________________ ________________.
3.  4e Je mange ________________ ________________.
4.  1e Je mange ________________ ________________.
5. 3e Je mange ________________ ________________.

Activité 2 Les vêtements

Mettez un cercle autour de l'adjectif qui fait l'accord avec le vêtement illustré ou la personne.

1. des  *mignons / mignonnes*
2. un *nouveau / nouvel*  *chère / cher*
3. une vendeuse *attentive / attentif*
4. de *vieux / vieilles*  *originales / originaux*
5. une *belle / beau*  *français / française*

Activité 3 L'école et le week-end

Choisissez l'adverbe qui convient.

1. Je viens d'apprendre l'allemand et je comprends *difficilement / rapidement* mon prof.
2. Quand un adulte me pose des questions, j'essaie de répondre *lentement / poliment.*
3. Au lycée, mes amis s'habillent *élégamment / normalement* en jean avec un pull.
4. D'habitude, j'arrive au cinéma *ponctuellement / lentement* pour voir le début du film.
5. Je vais *rarement / facilement* à l'étranger.

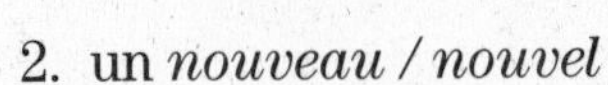

Nom ____

Classe ______________________ Date ______________

B

Activité 1 Un magasin cher

Répondez aux questions d'une cliente et écrivez les nombres en entier.

1	2	3	4	5
400 €	125 €	140 €	250 €	190 €

1. —Ça fait combien?
   —_______________ coûte ______________________________.
2. —Et celles-ci?
   —_______________ coûtent ______________________________.
3. —Et celui-ci?
   —_______________ coûte ______________________________.
4. —Et ceci?
   —_______________ coûte ______________________________.
5. —Et finalement, celui-ci?
   —_______________ coûte ______________________________.

Activité 2 Les vêtements

Mettez un cercle autour des deux adjectifs qui conviennent.

1. une *nouvelle / vieux / bel* *vert / bleue / cher*
2. de *nouvel / vieils / belles* *mignons / italiennes / blancs*
3. de *vieux / belles / nouveau* *beiges / normales / moche*
4. une *belle / nouvel / vieil* *sportive / ponctuelle / cher*
5. un *nouvel / vieux / beau* *blanche / violette / anglais*

Activité 3 Situations

Assortissez l'adverbe avec la situation.

_____ 1. Avant l'examen, j'écoute
_____ 2. Je parle à mon petit frère
_____ 3. À la ferme, on vit ... .
_____ 4. Même si je ne suis pas content, je réponds
_____ 5. Surtout en ville, il faut conduire

a. calmement
b. attentivement
c. prudemment
d. patiemment
e. simplement

C

Activité 1 Questions

Répondez aux questions en faisant des phrases complètes et en écrivant les nombres en entier.

1. Combien d'étudiants y a-t-il dans ta classe? ______________________
2. Combien d'habitants y a-t-il dans ta ville? ______________________
3. Combien coûte une belle maison dans ton quartier? ______________________
4. Combien coûte l'ordinateur que tu voudrais acheter? ______________________
5. Combien coûte une voiture neuve? ______________________

Activité 2 Liste d'achats

Faites des phrases complètes pour indiquer ce que vous allez acheter et dans quel ordre, en vous servant des éléments donnés.

1. en coton / noir (5è) ______________________
2. original / à rayures (3è) ______________________
3. marron / long (4è) ______________________
4. nouveau / blanc (1er) ______________________
5. bleu / beau (2è) ______________________

Activité 3 François

généreusement	sérieusement	simplement	lentement	prudemment

Choisissez l'adverbe qui correspond aux descriptions de François.

1. Sa vie n'est pas compliquée. Il vit ______________________.
2. Il fait attention sur la route. Il conduit ______________________.
3. À l'école, il travaille beaucoup. Il étudie ______________________.
4. Il ne marche pas vite. Il marche ______________________.
5. Il donne beaucoup d'argent aux gens. Il donne ______________________.

Nom ____

Classe ______________________ Date ______________

Discovering FRENCH Nouveau!

BLANC

LEÇON 27 Corinne a une idée

A

Activité 1 La comparaison

Complétez les phrases avec les adjectifs donnés, en les mettant à la forme comparative (**plus, moins + adjectif**).

lourd	**rapide**	**chaud**	**gentil**	**bon marché**

1. À 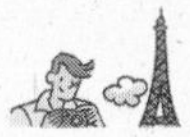, il fait ____________________ qu'à 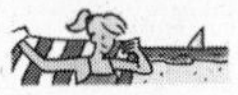.

2. Une 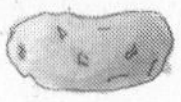 est ____________________ qu'une 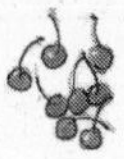.

3. En général, les 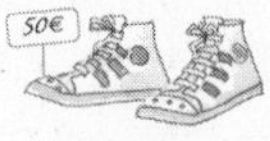

sont ____________________ que les 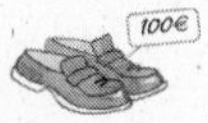

.

4. Évidemment, ma 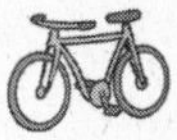 est ____________________ que ta 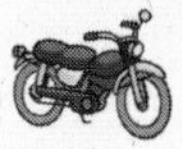.

5. 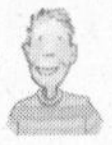 est sympa, mais 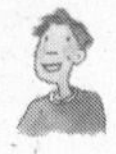 est encore ______________.

Activité 2 L'adverbe

Choisissez l'adverbe qui convient.

1. Céline Dion chante ____________ que moi.
2. Comme il pleut, il faut conduire plus ____________ que d'habitude.
3. Ma petite soeur de quatre ans se couche plus ____________ que moi.
4. Ma mobylette va aussi ____________ que ton scooter.
5. Mon père rentre du travail plus ____________ que ma mère.

longtemps
lentement
mieux
tard
tôt
vite

Activité 3 La comparaison et le superlatif

Complétez les phrases avec un comparatif ou un superlatif, suivant l'indication.

le plus rapide	**moins vite**	**meilleur**	**mieux**	**la plus grande**

1. Olivier parle ___________ français que Robert.
2. La robe est ___________ marché que la jupe.
3. Véronique est ___________ de sa famille.
4. Philippe court ___________ que moi.
5. Le TGV est le train ___________ d'Europe.

Nom ____

Classe ______________________________ Date ______________

B

Activité 1 La comparaison

Complétez les phrases en choisissant un adjectif et en le mettant à la forme comparative.

grand	lourd	cher	froid	bon marché

1. Un [sandwich] coûte ____________________ qu'un [steak].
2. Ces [25€] sont ____________________ que ces [50€].
3. En [ven 4 JAN], il fait ____________________ qu'en [jeu 5 JUIL].
4.  [person] est ____________________ que [person].
5. Un [laptop] est ____________________ qu'un [computer].

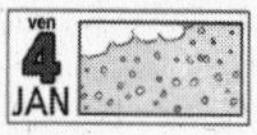

Activité 2 Est-ce logique?

Les phrases suivantes sont-elles logiques ou pas? À vous de décider.

	logique	pas logique
1. Quand il pleut, je conduis plus prudemment que d'habitude.	❑	❑
2. Un scooter va aussi vite qu'une voiture.	❑	❑
3. J'étudie plus sérieusement en période d'examens.	❑	❑
4. Nous nous réveillons plus tôt le samedi que le mercredi.	❑	❑
5. Je m'habille mieux quand je vais au restaurant.	❑	❑

Activité 3 Correspondances

Faites correspondre le début et la fin de chaque phrase.

____	1. Pour moi, la fête la plus importante,	a. c'est la girafe.
____	2. Le dessert le plus délicieux,	b. c'est le jour d'action de grâce.
____	3. Mon cadeau d'anniversaire le plus utile,	c. c'est le chien.
____	4. L'animal le plus grand,	d. c'est un appareil-photo.
____	5. Le meilleur animal domestique,	e. c'est la Tarte Tatin.

Nom ______________________________

Classe ______________________ Date ______________

Discovering FRENCH Nouveau!

BLANC

C

Activité 1 Des comparaisons

Comparez-vous aux personnes suivantes.

1. (frère ou soeur) ______________________
2. (cousin ou cousine) ______________________
3. (grands-parents) ______________________
4. (meilleur(e) ami(e)) ______________________

Activité 2 Des résolutions

Décrivez vos résolutions du nouvel an, à l'aide des indices donnés.

Modèle: / sérieux — Je vais étudier plus sérieusement.

1. / tôt ______________________
2. / bien ______________________
3. / vite ______________________
4. / souvent ______________________
5. / souvent ______________________

Activité 3 À votre avis . . .

Répondez aux questions en utilisant un superlatif.

1. Quel est l'animal domestique le plus propre? ______________________
2. Quelle est la meilleure matière au lycée? ______________________
3. Quel sport a les athlètes les plus sportifs? ______________________
4. Quel est le plus bel immeuble en ville? ______________________
5. Quel est le meilleur fruit? ______________________

Nom ______________________________

Classe ____________________ Date ____________

Discovering FRENCH Nouveau!

BLANC

LEÇON 28 Les vieilles robes de Mamie

A

Activité 1 Au restaurant

Complétez les phrases avec un pronom interrogatif, en choisissant entre **lequel, laquelle, lesquels** ou **lesquelles**.

1. Il y a deux  , l'un à 20 €, l'autre à 35 €. __________ préférez-vous?
2. Nous offrons un  ou un  . __________ préférez-vous?
3. Comme légumes, vous avez le choix entre les  , les  ou les  . __________ préférez-vous?
4. Il y a une  verte et une  mixte. __________ préférez-vous?
5. Nous avons des 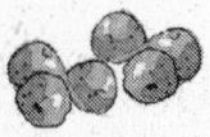 de Tunisie et des  d'Espagne. __________ préférez-vous?

Activité 2 Des achats

Les grands-parents gâtent (*spoil*) leurs petits-enfants. Faites correspondre les questions et les réponses.

____ 1. —Tu veux cette  -ci ou cette 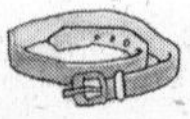 -là? a. —J'aime celui-ci.

____ 2. —Tu veux ces  -ci ou ces  -là? b. —J'aime celle-là.

____ 3. —Tu veux ce  -ci ou ce  -là? c. —J'aime celles-ci.

____ 4. —Tu veux ces  ou ces  -là? d. —J'aime ceux-là.

Activité 3 Dialogues

Mettez un cercle autour du mot qui convient.

1. —Tu aimes bien tes voisins?
   —*Lesquels / Lesquelles?*
   —*Celles / Ceux* qui habitent en haut.
   —Oui, mais je préfère *ceux / celles* qui habitent en bas.

2. —Tu connais le garçon là-bas?
   —*Lequel / Lesquels?*
   —*Celui / Ceux* qui parle au garçon blond.
   —Non, mais je connais *ceux / celui* qui écoute.

3. —Tu vas acheter ces chaussures?
   —*Lesquels / Lesquelles?*
   —*Celles / Ceux* que tu regardais là-bas.
   —Non, je vais prendre *ceux / celles* qui sont en solde.

4. —Tu vois la boutique d'en face?
   —*Lequel / Laquelle?*
   —*Celle / Celui* que la dame vient d'ouvrir.
   —Ah, *celui-là / celle-là?* On m'a dit que les prix y sont très raisonnables.

Nom ____

Classe ________________________ Date _____________ ______________

B

Activité 1 Un prêt

Martine prête ses affaires à sa camarade de chambre. Faites correspondre les réponses aux questions.

____ 1. J'ai un en cuir et un en velours.
____ 2. J'ai des en cuir et des en velours.
____ 3. J'ai une à rayures et une unie.
____ 4. J'ai des noires et des marron.

a. Laquelle veux-tu?
b. Lequel veux-tu?
c. Lesquels veux-tu?
d. Lesquelles veux-tu?

Activité 2 Les loisirs

Complétez le paragraphe suivant avec la forme correcte du pronom démonstratif, choisissant entre **celui, celle, ceux** ou **celles**.

Moi, j'adore les sports, mais je n'aime pas ______ qui sont violents, comme la boxe ou même le hockey. Les films? J'aime ______ qui sont amusants, comme les films d'aventure et les comédies. Comme musique, j'aime ______ d'Enrique Iglesias mais je n'aime pas ______ de Britney Spears. Mes chansons préférées? ______ des Rolling Stones. J'aime bien lire, aussi. Mon livre préféré? Il y en a trop. Mais ______ de Tom Clancy, que je n'ai pas lus, me semblent intéressants.

Activité 3 Questions

Répondez aux questions avec la forme correcte du pronom interrogatif ou démonstratif.

celui	**lequel**
celle	**laquelle**
ceux	**lesquelles**
celles	**lesquelles**

1. Mme Leblanc? C'est bien ______ qui enseigne la géo?
2. Paul et Adrienne? Ce sont ______ qui veulent être astronautes.
3. Tu achètes une casquette? ________? ______-ci ou ______-là?
4. Tu veux voir un film? ________? ______-ci ou ______-là?
5. Nicole et Stéphanie? Ce sont ______ qui nous apportent les sandwichs.

C

Activité 1 Les affaires

Vous donnez quelques affaires à votre petit frère. Écrivez des questions en utilisant le pronom interrogatif (**lequel, laquelle, lesquels, lesquelles**).

1. Tu peux avoir quelques CD. ______________________
2. Tu peux avoir un tee-shirt. ______________________
3. Tu peux avoir quelques affiches. ______________________
4. Tu peux avoir une de mes chemises. ______________________

Activité 2 La fin des vacances

C'est la fin des vacances et chacun cherche ce qui lui appartient. Répondez aux questions en utilisant la forme correcte du pronom démonstratif et le nom entre parenthèses.

Modèle: C'est le [polo] *de Paul? (Bernard)* *Non, c'est celui de Bernard.*

1. Ce sont les [bagues] de Catherine? (Anna) ______________________
2. Ce sont les [chaussettes] de Philippe? (Michel) ______________________
3. C'est le [sac à dos] de Louise? (Aline) ______________________
4. C'est la [montre] de Marc? (Olivier) ______________________
5. Ce sont les [CD] de Claude? (Dominique) ______________________

Activité 3 Les professions

Vous expliquez les professions à votre petit frère. Complétez les phrases avec la forme correcte du pronom démonstratif.

1. La professeur? C'est _____ qui sait beaucoup de choses.
2. Le boulanger? C'est _____ qui fait du pain.
3. Les mécaniciens? Ce sont _____ qui réparent la voiture de Papa quand elle ne marche pas.
4. Le médecin? C'est _____ qui te soigne (*takes care of*) quand tu es malade.
5. Les pharmaciennes? Ce sont _____ qui te donnent des médicaments.

UNITÉ 7 Reading Comprehension

Lecture

A

andré

En voyage pour l'été !

Destination : la nouvelle collection André.
Quand la chaussure rime avec mode et qualité.

Pour la femme, les nuances parlent de voyage.
Un savoureux parfum d'exotisme vogue à l'horizon.
Et les matières s'en mêlent, cuirs ajourés, denim,
toiles imprimées. Tendance rouge, impressions
noires, les contrastes se font graphiques.
Voilà que la voyageuse des mille et une nuits
se mue en citadine sagement sophistiquée.

Pour l'homme, l'été sera décontracté.
Le confort prime, l'allure chic et raffinée domine.
Une nouvelle saison baignée de modernité.

André fête l'été en vous offrant des prix légers.

Compréhension

1. Que fabrique André?

   ____

2. Quelles sont les trois matières mentionnées pour les chaussures de femmes?

   a) ____________ b) ____________ c) ____________

3. Quelles sont les deux couleurs de la saison, pour les femmes?

   a) ____________ b) ____________

4. Que veut dire **citadin(e)**?

   habitant(e) d'une ville ou cité   habitant(e) de la campagne

5. Est-ce que les chaussures André coûtent cher?

   oui   non

Qu'est-ce que vous en pensez?

1. Quel est le synonyme de **décontracté**?

   sérieux   débonaire

2. Quel est le synonyme de **à la mode**?

   nuances   tendance

Nom ______________________________

Classe ____________________ Date ____________

BLANC

B

Vêtements interdits, collégiens mécontents

Les élèves d'un collège d'Amiens sont en colère. Le proviseur leur a interdit de porter certains vêtements et chaussures jugés trop vulgaires. Les élèves n'ont plus le droit de porter des chaussures à bouts renforcés, qui peuvent causer des dégâts dans les couloirs. Les jeans sont toujours permis, mais les jeans troués et les casquettes aussi doivent rester à la maison. Les filles sont encore moins contentes puisque les jupes courtes et les longues boucles d'oreilles sont également sur la liste!

Compréhension

1. Que veut dire **mécontents**?

   heureux · pas satisfaits · nerveux

2. Quelles sortes de vêtements sont interdits à ce collège d'Amiens?

   les jeans troués · les blousons · les casquettes
   les baskets · les jeans normaux · les jupes courtes

3. Quelles sortes de bijoux sont interdits?

   les bagues · les chaînes et les médailles
   les colliers · les boucles d'oreilles longues

4. Que veut-dire **vulgaire**?

   distingué · sans élégance

5. Quel est le synonyme de **dégat**?

   embellissement · destruction

Qu'est-ce que vous en pensez?

1. Est-ce que certains vêtements sont interdits dans votre école?

   ____

2. Est-ce que cet article révèle une différence culturelle entre la France et les États-Unis? Laquelle?

   ____

   ____

C

-10%

SUR TOUT LE MAGASIN

sauf TV, Hi-Fi, Video, Electroménager, Librairie, Alimentation, Points rouges et Prix Défis. Réduction non cumulable avec d'autres escomptes en vigueur dans le magasin et non remboursable à posteriori.

COMMENT EN BÉNÉFICIER ?

Cette réduction est exclusivement réservée à la clientèle individuelle, munie d'une pièce d'identité étrangère. Il faut présenter ce bon de réduction en caisse avec passeport ou pièce d'identité ***avant l'enregistrement des achats.***

-13%*

DÉTAXE EXPORTATION

CONDITIONS :

- être résident hors zone C.E.E.,
- montant minimum de 125€ d'achats dans la même journée,
- se présenter au bureau de Détaxe du Welcome Service International.

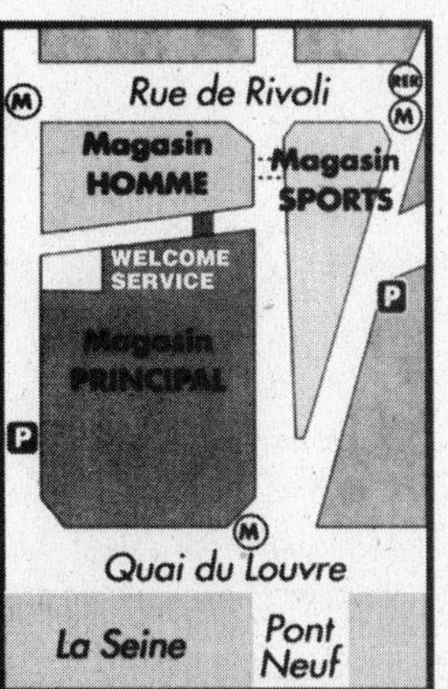

Heures d'ouverture :
9h30 - 19h00
du lundi au samedi

Nocturne le jeudi
jusqu'à 22h00

*selon la reglementation gouvernementale

Quai du Louvre/Rue de Rivoli.
Tél. : 01 40 41 22 54 - Fax : 01 40 41 21 70.

Compréhension

1. Quel jour de la semaine est-ce que le magasin est ouvert le plus tard? ___________
2. Quel est le synonyme de **réduction**? ___________
3. Que veut dire **non cumulable**? ___________
4. À qui est-ce que cette réduction est réservée? ___________
5. Combien faut-il dépenser en une journée pour bénéficier de la détaxe? ___________

Qu'est-ce que vous en pensez?

1. Comment dit-on **non-refundable** en français? ___________
2. Comment dit-on **une pièce d'identité** en anglais? ___________

Nom ______________________________________

Classe __________________________ Date ______________ ______________

Discovering FRENCH Nouveau!

BLANC

Unité 8. Bonnes vacances!

LEÇON 29 Le français pratique: Les vacances et les voyages

A

Activité 1 Le camping

Mettez un cercle autour de l'expression qui convient.

1. Je voudrais ____. Je vais donc aller *à la mer / à la montagne / à la campagne.*
2. Je vais faire ____. Je vais donc *louer / prêter* une caravane.
3. Nous allons préparer nos ____. Nous allons acheter *une couverture / un réchaud.*
4. La nuit, il fait ____. Nous allons prendre nos *poêles / couvertures* et nos *sacs à dos / sacs de couchage.*

Activité 2 La géographie

Ajoutez l'article, puis identifiez le continent où se trouve chaque pays.

a. l'Afrique	b. l'Amérique	c. l'Asie	d. l'Europe

_____ 1. Allemagne
_____ 2. Guatemala
_____ 3. Corée
_____ 4. Argentine
_____ 5. Chine
_____ 6. États-Unis
_____ 7. France
_____ 8. Cambodge
_____ 9. Belgique
_____ 10. Sénégal
_____ 11. Égypte
_____ 12. Suisse

Activité 3 Les voyages

Complétez chaque phrase en choisissant quatre des sept expressions données.

un horaire
première classe
aller et retour
faire un séjour
deuxième classe
faire mes valises
aller simple

1. Si on rend visite à des amis et on ne sait pas quand on va rentrer, on achète un ______________________.
2. Si on ne sait pas à quelle heure son train part, on a besoin de / d' ______________________.
3. Un billet de ______________________ coûte plus cher, mais la nourriture est meilleure et les sièges sont plus larges.
4. J'ai envie de ______________________ en Inde pour mieux connaître la culture.

Nom ____

Classe ______________________________ Date ______________________

B

Activité 1 Les vacances

Faites correspondre les questions et les réponses.

_____ 1. Où vas-tu aller pendant les vacances?

_____ 2. Quels pays est-ce que tu vas visiter?

_____ 3. Combien de temps vas-tu rester là-bas?

_____ 4. Où est-ce que tu vas rester?

_____ 5. Est-ce que tu es prêt à partir?

a. Oui, j'ai déjà fait mes valises.

b. Je vais y passer un mois.

c. Je vais faire du camping.

d. Je vais à la montagne.

e. Je vais aller en Suisse.

Activité 2 L'intrus

Ajoutez l'article, puis mettez un cercle autour du pays qui ne va pas avec les autres.

1. __ Canada __ Mexique __ Allemagne
2. __ Australie __ Brésil __ Argentine
3. __ Angleterre __ Inde __ Belgique
4. __ Égypte __ Espagne __ Sénégal
5. __ Irlande __ Israël __ Liban
6. __ Portugal __ Cambodge __ Chine
7. __ Italie __ Suisse __ Japon
8. __ Corée __ Russie __ Viêt-Nam

Activité 3 Le camping

Complétez les phrases avec le vocabulaire donné.

tente	réchaud	billet	poêle	couverture	horaire

1. Tu vas prendre ______ . Tu as donc besoin d'un ____________________ et d'un ____________________.

2. Nous allons faire du ______ . Nous avons donc besoin d'une ____________________ et d'une ____________________.

3. Nous allons préparer nos ______ . Nous avons donc besoin d'un ____________________ et d'une ____________________.

C

Activité 1 Les vacances

Répondez aux questions en faisant des phrases complètes.

1. Où vas-tu en vacances, d'habitude?
____
2. Combien de temps passes-tu en vacances?
____
3. Où loges-tu?
____
4. Quels pays étrangers as-tu visités?
____
5. Quel pays voudrais-tu visiter?
____

Activité 2 La géographie

Quel est le pays décrit? Complétez les phrases.

1. ______________ sont au sud du Canada.
2. ______________ est au nord-est de la France.
3. ______________ est dans le nord-est de l'Afrique.
4. ______________ est le plus grand pays d'Asie.
5. ______________ est le pays le plus montagneux d'Europe.

Activité 3 Les voyages

Complétez les réponses avec le vocabulaire nouveau de cette leçon.

1. —Nous allons prendre le train pour aller dans les Alpes.
   —Avez-vous un ______________ et vos ______________?
2. —Nous ne savons pas quand nous allons rentrer de vacances.
   —Ah bon. Alors, vous avez pris ______________?
3. —Vous restez à l'hôtel?
   —Non, nous allons faire du camping.
   —Alors, vous avez une ______________, un ______________ et, s'il fait froid, une ______________?
4. —Au camping, nous allons préparer nos repas.
   —Super. Tu as donc acheté un ______________, une ______________ et une ______________?

LEÇON 30 Les collections de Jérôme

A

Activité 1 Les pays

Mettez un cercle autour de la préposition qui convient.

Elles vont . . .

1. *en* / *au* / *aux* Canada
2. *en* / *au* / *aux* Argentine
3. *en* / *au* / *aux* États-Unis
4. *en* / *au* / *aux* Espagne
5. *en* / *au* / *aux* Sénégal

Ils viennent . . .

6. *de* / *du* / *des* Mexique
7. *d'* / *de* / *du* Russie
8. *de* / *du* / *des* Japon
9. *d'* / *de* / *du* Inde
10. *de* / *du* / *des* Guatemala

Activité 2 Vacances à Paris

Complétez les phrases avec la forme correcte de **recevoir** ou d'**apercevoir.**

1. Du bateau-mouche, nous avons ______________________ le Louvre.
2. De la fenêtre du restaurant à l'hôtel, nous ______________________ maintenant la tour Eiffel.
3. J'ai ______________________ une carte postale de mon copain.
4. Ma copine Louise ______________________ toujours plein de cartes postales pendant les vacances.
5. De ma chambre, j'______________________ des touristes assis au café.

Activité 3 Que fait chacun?

Choisissez la préposition qui convient dans chaque phrase.

1. a décidé *à* / *de* sortir avec ses copines.
2. apprend *à* / *de* jouer de la flûte.
3. réussissent *à* / *de* faire un beau gâteau.
4. finissent *à* / *de* jouer au tennis.
5. commencent *à* / *de* parler au téléphone.

Nom ______________________________

Classe ______________________ Date ______________

B

Activité 1 Les pays

Complétez les phrases suivantes.

1. (Inde, Japon et Chine) Patrick vient ______________________________
______________________________.
2. (Belgique, France et Portugal) J'ai visité ______________________________
______________________________.
3. (Canada, États-Unis et Argentine) Anne a été ______________________________
______________________________.

Activité 2 En vacances

Complétez les phrases suivantes avec la forme correcte de **recevoir** ou d'**apercevoir.**

1. Je ______________ une [picture] de mes grands-parents une fois par mois.
2. Est-ce que tu as ______________ la [picture] que je t'ai envoyée de vacances?
3. Mon copain m'écrit qu'il ______________ l' [picture] de sa chambre d'hôtel.
4. De notre chambre d'hôtel, nous ______________ un [picture] !
5. Mes [picture] ______________ beaucoup d'attention.

Activité 3 Conseils d'amis

Vous travaillez trop et vos amis vous donnent des conseils. Mettez un cercle autour de la préposition ou du blanc qui convient.

Tu dois *à* / *de* / ___ sortir plus souvent. Tu commences *à* / *de* / ___ oublier *à* / *de* / ___ t'amuser. Arrête *à* / *de* / ___ travailler comme ça. Nous pouvons peut-être *à* / *de* / ___ aller au cinéma. Ou tu peux apprendre *à* / *de* / ___ jouer d'un instrument de musique. Continue *à* / *de* / ___ jouer au tennis parce que tu aimes ça et tu peux *à* / *de* / ___ gagner le tournoi cet été. N'hésite pas *à* / *de* / ___ nous téléphoner si tu décides *à* / *de* / ___ sortir ce week-end.

Nom ______________________________

Classe ______________________ Date ______________

C

Activité 1 Les pays

Écrivez la préposition qui convient.

en	au	aux	de	d'	du

1. Je suis _____ États-Unis.
2. Je viens _____ Allemagne.
3. Je vais _____ Brésil.
4. Tu es _____ Canada.
5. Tu viens _____ Japon.
6. Tu vas _____ Espagne.
7. Il est _____ Russie.
8. Il vient _____ Chine.
9. Il va _____ Portugal.
10. Elle est _____ France.
11. Elle viens _____ Suisse.
12. Elle va _____ Égypte.

Activité 2 Au téléphone

Faites des phrases complètes en utilisant **recevoir** et **apercevoir,** et en vous servant des illustrations.

1. Ce matin, j'______________________________.
2. Est-ce que tu ______________________________?
3. Est-ce que vous ______________________________?
4. Est-ce que tu ______________________________?
5. Chez nos grands-parents, ______________________________.

Activité 3 Questions

Répondez aux questions en utilisant la préposition **à** ou **de.**

1. —Qu'est-ce que tu as essayé de nouveau?
   —J'ai essayé
   ______________________________.
2. —Qu'est-ce que tu as appris cette année?
   —J'ai appris
   ______________________________.
3. —Qu'est-ce que tu espères réussir?
   —J'espère réussir
   ______________________________.
4. —Quelle est ta destination de rêve?
   —Je rêve
   ______________________________.

Nom ______________________________

Classe ____________________ Date ______________

LEÇON 31 Projet de voyage

A

Activité 1 Demain

Écrivez des phrases simples (sujet + verbe) au futur, en vous servant des illustrations.

1. Nous  . ______________________________

2. Brigitte et Sophie  . ______________________________

3. Bertrand  . ______________________________

4. Vous . ______________________________

5. Je . ______________________________

Activité 2 Correspondances

Faites correspondre le présent et le futur de ces verbes.

____	1. je suis	____	6. je viens
____	2. je fais	____	7. je sais
____	3. je vois	____	8. je dois
____	4. je vais	____	9. je peux
____	5. j'ai	____	10. je veux

a. je verrai	f. je pourrai
b. je voudrai	g. je saurai
c. j'aurai	h. j'irai
d. je serai	i. je viendrai
e. je devrai	j. je ferai

Activité 3 Si . . .

Mettez un cercle autour du verbe qui convient.

1. Si *tu travailles / tu travailleras* bien, *tu réussis / tu réussiras!*
2. *Je vais / J'irai* en vacances avec vous si *j'ai / j'aurai* assez d'argent.
3. *On sort / On sortira* quand la baby-sitter de ma petite soeur *arrive / arrivera.*
4. Si tu *ne manges pas / ne mangeras pas* tes légumes, tu *ne grandis pas / ne grandiras pas!*
5. Je *te dis / te dirai* la nouvelle quand on *se voit / se verra.*

Nom ____

Classe ______________________________ Date ______________

Discovering FRENCH Nouveau!

BLANC

B

Activité 1 Ce week-end

Complétez les phrases au futur, en vous servant des illustrations.

1. Je te _______________ plus tard.

2. Samedi matin, nous _______________.

3. Ensuite, nous _______________ la table.

4. Le soir, nous _______________ au cinéma.

5. Caroline et Léa _______________.

Activité 2 Synonymes

D'abord, soulignez l'infinitif. Ensuite, choisissez la phrase qui correspond le mieux.

	a.	b.
1. Je vais venir chez toi.	a. Je viendrai chez toi.	b. Je te verrai chez toi.
2. Je vais faire la cuisine.	a. Je ferai la cuisine.	b. Je verrai la cuisine.
3. Je vais aller voir des amis.	a. J'irai voir des amis.	b. J'aurai des amis.
4. Je vais avoir la réponse.	a. Je saurai la réponse.	b. J'aurai la réponse.
5. Je vais aller à Paris cet été.	a. Je serai à Paris cet été.	b. J'irai à Paris cet été.

Activité 3 En vacances

Anne-Marie a des projets pour l'été. Mettez un cercle autour des verbes qui conviennent.

Quand *je vais / j'irai* en France cet été, *je visite / je visiterai* le nord-ouest du pays. Quand *je suis / je serai* à Paris, *je vois / je verrai* le Louvre, l'Arc de Triomphe et la Tour Eiffel. Si *j'ai / j'aurai* le temps, *je vois / je verrai* aussi le musée d'Orsay. Ensuite, *je continue / je continuerai* mon voyage en Bretagne. Quand *j'arrive / j'arriverai* à Quimper, *j'achète / j'achèterai* de la poterie. Puis, *je rends / je rendrai* visite à mes cousins à Saint-Malo. Après, *s'il fait / s'il fera* beau, *je vais / j'irai* au Mont Saint-Michel. Quand *je reviens / je reviendrai* à Paris, *je prends / je prendrai* l'avion.

Nom ______________________________

Classe ____________________ Date ______________

C

Activité 1 Un voyage

Mettez les phrases au futur.

1. Je suis partie lundi matin. ______________________
2. Nous sommes arrivés lundi soir. ______________________
3. Nous avons vu le Mont-Saint-Michel. ______________________
4. Nous avons envoyé des cartes postales. ______________________
5. Nous avons pris le train pour Nantes. ______________________

Activité 2 Plus tard

Répondez aux questions de votre mère en disant que vous ferez ces activités plus tard. Utilisez un pronom si possible.

1. —Tu es chez Jeanne? —______________________
2. —Vous allez au cinéma? —______________________
3. —Vous avez fait vos devoirs? —______________________
4. —Tu as acheté un cadeau pour ta soeur? —______________________
5. —Tu as envoyé une carte à Papi et Mamie? —______________________

Activité 3 Si . . .

Complétez les phrases suivantes de façon logique.

1. Si je trouve [20 euro] dans la rue, ______________________.
2. Si je ne fais pas mes [devoirs], ______________________.
3. Quand j'aurai [32], ______________________.
4. Quand j'aurai [64], ______________________.

LEÇON 32 À la gare

A

Activité 1 Quand nous étions petits . . .

Mettez un cercle autour du verbe qui est à l'imparfait.

1. *J'allais* / *J'irais* à l'école à pied.
2. Le vendredi soir, nous *mangeons* / *mangions* des spaghetti.
3. Le samedi, mon père *irait* / *allait* faire les courses.
4. Ma mère *préparerait* / *préparait* les repas.
5. L'hiver, mes frères *font* / *faisaient* beaucoup de ski.

Activité 2 Dialogues

Mettez un cercle autour des *cinq* verbes qui sont au conditionnel.

1. —Il faudrait partir maintenant.

   —Mais si on part maintenant, on arrivera trop tôt.
2. —Est-ce que tu voudrais venir faire du camping avec nous?

   —S'il ne faisait pas froid, je viendrais volontiers.
3. —Tu devrais finir tes devoirs avant de sortir au cinéma.

   —Mais je n'aurais pas le temps de m'amuser!

Activité 3 Si nous étions riches . . .

Faites des phrases qui commencent par **Si nous étions riches . . .**, en mettant les expressions entre parenthèses au conditionnel.

1. (faire des achats) tu ______________________.
2. (voyager) je ______________________.
3. (acheter un scooter) ils ______________________.
4. (aller à Acapulco) elle ______________________.
5. (être content) nous ______________________.

Nom _______________________________

Classe ____________________ Date ____________

B

Activité 1 L'intrus

Mettez un cercle autour du verbe qui n'est pas à l'imparfait.

1. vais	allais	allions	5. voyions	voyiez	voient
2. prenions	prenaient	prendrais	6. réussissons	réussissait	réussissiez
3. voyagions	voyageons	voyageaient	7. perdais	perdent	perdiez
4. faisiez	faites	faisait	8. étais	est	étaient

Activité 2 Si . . .

Choisissez la fin de chaque phrase.

1. Si je t'invitais au concert,
   a. est-ce que tu viendras avec moi?
   b. est-ce que tu viendrais avec moi?
2. Si quelqu'un me donnait cent dollars,
   a. je serais contente.
   b. je serai contente.
3. S'il pleut,
   a. nous ne ferons pas de camping.
   b. nous ne ferions pas de camping.
4. Si vous n'aviez pas de manteau en hiver,
   a. vous auriez froid.
   b. vous aurez froid.
5. S'ils avaient une bonne note à l'examen,
   a. ils seront contents.
   b. ils seraient contents.

Activité 3 Conditions

Complétez les phrases suivantes en utilisant l'imparfait ou le conditionnel, et en vous servant des illustrations.

1. Si j'________________________, je t'enverrais des mails.

2. Si on ________________________, on serait à Paris en cinq heures.

3. S'il ________________________, on ferait un pique-nique.

4. Si j'avais assez d'argent, je ________________________.

5. Si nous étions en vacances, nous ________________________.

C

Activité 1 Quand j'étais petit(e) . . .

Complétez les phrases à l'imparfait.

1. Nous ____________________ en été.
2. J'____________________ à mes grands-parents le dimanche.
3. Mes soeurs ____________________.
4. Nous ____________________ au printemps.
5. Nous ____________________ en février.

Activité 2 Si . . .

Faites des phrases complètes au conditionnel avec les éléments donnés.

(avoir du temps) (nager)	1. Si Luc ____________________.
(finir ses devoirs) (voir un film)	2. Si Mélanie ____________________.
(acheter des CD) (lesquels choisir)	3. Si tu ____________________?
(pouvoir) (venir avec vous)	4. Si je ____________________.

Activité 3 Formules de politesse

Transformez chaque phrase en utilisant le conditionnel de politesse.

1. Je veux des CD. ____________________
2. Nous devons partir. ____________________
3. Pouvez-vous fermer la fenêtre? ____________________
4. Nous voulons deux cafés. ____________________
5. Ils doivent se dépêcher. ____________________

Nom ________________________________

Classe ____________________ Date ____________

UNITÉ 8 Bonnes vacances!

Lecture

A

HAVRE (LE) 76620 - E2

★★★★ CAMPING DE LA FORÊT DE MONTGEON « CHLOROPHILE » - 02.35.46.52.39 - 202 empl. - 01.04 / 31.10

HONFLEUR 14600 - E3

★★ T CAMPING DU PHARE - 02.31.89.10.26 - Fax 02.31.24.71.47 - 110 empl. - 01.04 / 31.09

MONT-SAINT-MICHEL (LE) 50170 - B5

★★ T CAMPING DU MONT-SAINT-MICHEL - 02.33.60.22.10 - Fax 02.33.60.20.02 - Mi-Février / Mi-Novembre

TOUQUES - DEAUVILLE 14800 - E3

★★★★ L CAMPING DES HARAS - 02.31.88.44.84 - Fax 02.31.88.97.08 - 250 empl. - 01.02 / 30.11

Classement antérieur à 1994 :
★★ Classement 2 étoiles

Nouveau classement :
★★ **T** Classement 2 étoiles Tourisme
★★ **L** Classement 2 étoiles Loisirs

LÉGENDES DES ABRÉVIATIONS

Période d'ouverture: 10.04/25.09 Du 10 avril au 25 septembre

- Réservation
- Plats cuisinés
- Ravitaillement sur place
- Chiens admis
- Branchement électrique
- Douches
- Plage
- Rivière
- Pêche
- Sports nautiques
- Golf
- Golf miniature
- Centre Hippique
- Location bicyclette
- Casino
- Location de caravanes
- Aire de service pour camping cars
- Accessibles aux personnes handicapées

Compréhension

1. Dans quel camping ne peut-on pas monter à cheval? ____________
2. Dans quel camping peut-on louer une caravane? ____________
3. Quels sont les mois d'ouverture du camping du Havre? ____________
4. Quels sont les mois d'ouverture du camping de Deauville? ____________
5. Dans quel camping est-ce que les chiens ne sont pas admis? ____________

Qu'est-ce que vous en pensez?

1. Comment dit-on **fishing** en français? ____________
2. Quel camping choisiriez-vous et pourquoi? ____________

Nom ______________________________

Classe ______________________ Date ______________

Discovering FRENCH Nouveau!

BLANC

B

Le monde polaire

Il n'y a qu'au Biodôme que l'on peut découvrir côte à côte – et sans avoir froid – les oiseaux qui vivent aux deux extrémités de la Planète vivante. L'Arctique et l'Antarctique : deux mondes de froid et de blancheur, si différents pourtant. Les deux écosystèmes du monde polaire – où vivent d'un côté les manchots subantarctiques et de l'autre, les pingouins du Labrador – en témoignent clairement. Le souci de reconstitution naturelle a même poussé le Biodôme à inverser les saisons, comme le fait la nature. Le visiteur peut donc observer simultanément l'été arctique et l'hiver antarctique, et vice-versa. Suivant la saison de votre visite, vous pourriez même voir des nouveau-nés...

Compréhension

1. Quels sont les deux oiseaux des pôles qu'on peut découvrir au Biodôme?

   ______________ ______________

2. Quel est le nom qui vient de l'adjectif **blanc?**

   ____

3. Quand c'est l'été en Arctique, quelle saison est-ce en Antarctique?

   ____

4. Si on va au Biodôme en été, est-ce qu'on peut y voir l'Antarctique en hiver? Pourquoi?

   oui　　　　non

   ____

5. Quel est le synonyme de **bébé?**

   ____

Qu'est-ce que vous en pensez?

1. Comment dit-on "side by side" en français?

   ____

2. Comment dit-on "on one side. . . . on the other side . . ." en français?

   ____

C

Le Jardin botanique de Montréal

Couleurs et parfums du monde

On dit que le Jardin botanique, fondé en 1931, est aujourd'hui l'un des plus importants au monde. Plus de 21 000 espèces et variétés de plantes proviennent de toutes les régions du globe. Dix serres d'exposition et une trentaine de jardins extérieurs couvrent une superficie de 75 hectares.

Le complexe d'accueil donne accès à la serre d'introduction et propose une foule de services qui aident le visiteur à explorer beaucoup plus facilement les mille et un visages du Jardin.

À l'extérieur, on découvre un jardin de sous-bois dont on apprécie la fraîcheur en été, un jardin alpin, un ruisseau fleuri, un jardin de vivaces toujours coloré et, bien sûr, les jardins japonais et chinois, sans oublier la superbe roseraie et le jardin des nouveautés mettant en valeur les dernières tendances en horticulture.

La nouvelle Cour des sens, spécialement conçue pour les non-voyants, propose un parcours sensitif pour découvrir le Jardin tout autrement. Bienvenue à tous !

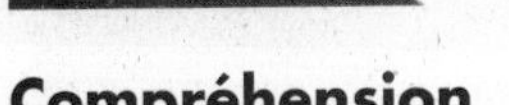

Compréhension

1. En quelle année est-ce que le Jardin botanique de Montréal a été créé?

   ____

2. Combien de jardins extérieurs y a-t-il environ?

   ____

3. Est-ce qu'il y a quelques services ou beaucoup de services?

   ____

4. Quel est le synonyme de **visage?**

   silhouette   aspect

5. Quelles fleurs y a-t-il dans une roseraie?

   ____

Qu'est-ce que vous en pensez?

1. Qu'est-ce qu'un **non-voyant** ne peut pas faire?

   voir   entendre

2. Quelle partie du Jardin botanique visiteriez-vous de préférence et pourquoi?

   ____

Unité 9. Bonne route

LEÇON 33 En voiture

A

Activité 1 La route

Mettez un cercle autour du verbe qui convient.

1. Hier, j'ai *conduit / conduis* jusqu'au musée.
2. Tous mes copains *suives / suivent* des cours dans une auto-école.
3. Mon père *conduit / conduis* trop vite.
4. Sur l'autoroute, nous *suivons / conduisons* prudemment.
5. Nous allons *suivi / suivre* nos amis à la campagne.

Activité 2 La voiture

Mettez un cercle autour du mot décrit.

1. C'est là où je mets ma  . — le coffre — le phare
2. Quand on fait le plein, on met de ______ . — l'essence — l'huile
3. Une  n'en a pas. — le capot — le toit
4. Une voiture a quatre  . — les freins — les pneus
5. Il faut regarder le 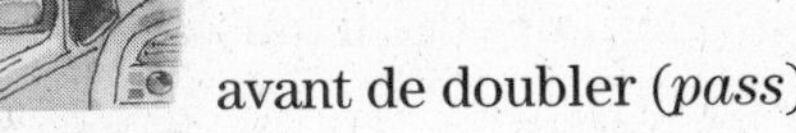 avant de doubler (*pass*). — le klaxon — le rétroviseur
6. On les met en marche quand il ______ . — les roues — les essuie-glaces

Activité 3 Moyens de transport

Identifiez ces moyens de transport.

______________ 1. 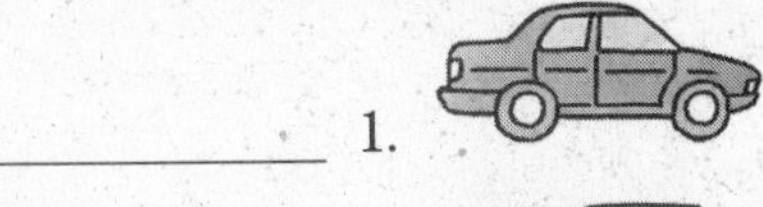

______________ 4. 

______________ 7. 

______________ 2.

______________ 5. 

______________ 8. 

______________ 3.

______________ 6. 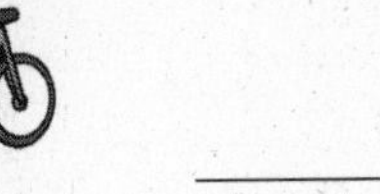

______________ 9. 

Nom ________________________________

Classe ____________________ Date ____________

B

Activité 1 La route

Choisissez la forme du verbe **conduire** ou **suivre** qui convient.

suivez
conduisons
suivre
conduisent
suis
conduire
suit

1. J'ai envie de ______________ notre nouvelle voiture.
2. Attention! Un camion nous ______________.
3. Tous mes copains ______________ prudemment.
4. Il faut ______________ les indications des policiers.
5. D'habitude en vacances, nous ______________ d'une ville à une autre.
6. Si vous ne savez pas la route, ______________-moi.

Activité 2 La voiture

Identifiez les parties de la voiture.

Activité 3 Est-ce logique?

Décidez si ces phrases sont logiques ou pas.

1. L'épicier utilise une décapotable pour faire des livraisons. oui non
2. Pour voir, la nuit, il faut mettre les phares. oui non
3. Pour signaler mon intention de tourner, je klaxonne. oui non
4. Pour bien s'arrêter, il faut avoir de bons freins. oui non
5. On ouvre le coffre pour inspecter le moteur. oui non

C

Activité 1 La route

Complétez les phrases suivantes avec la forme appropriée de **conduire** ou de **suivre.**

1. Attention, il neige. Ne ______________ pas trop vite.
2. Est-ce que tu vas ______________ un cours de maths?
3. À quel âge est-ce que les Français peuvent ______________?
4. Le petit chien ______________ le petit garçon.
5. L'année dernière, mes copains ______________ un cours dans une auto-école.

Activité 2 La voiture

Identifiez les parties d'une voiture.

1. ______________ 6. ______________

2. ______________ 7. ______________

3. ______________ 8. ______________

4. ______________ 9. ______________

5. ______________ 10. ______________

Activité 3 À la station-service

Vous allez à la station-service pour de l'essence et des conseils. Complétez les phrases.

klaxon	**freins**
phares	**capot**
essence	**pare-brise**
moteur	**pneus**
huile	**essuie-glace**

D'abord, nous allons faire le plein d'______________. Puis, nous allons vérifier l'______________, les ______________ et les ______________. Ensuite, le mécanicien va nettoyer le ______________ et il vérifiera que les ______________ marchent bien s'il pleut. Ensuite, il ouvrira le ______________ et regardera le ______________. Il s'assurera que les ______________ marchent bien au cas où je conduis la nuit. Enfin, le mécanicien vérifiera le ______________ parce que si une voiture n'a pas la priorité, il faut pouvoir klaxonner (*honk*)!

Nom ____

Classe ______________________ Date ______________

Discovering FRENCH Nouveau!

BLANC

LEÇON 34 Une leçon de conduite

A

Activité 1 Opinions et sentiments

Faites correspondre le début et la fin des phrases.

____ 1. Paul est heureux . . .

____ 2. Henri est triste . . .

____ 3. Amélie est gentille . . .

____ 4. David n'est pas content . . .

____ 5. Je suis désolée . . . .

a. d'avoir reçu une mauvaise note.

b. de t'avoir fait de la peine.

c. de partir sans son amie.

d. de faire la connaissance d'Angèle.

e. d'aider son frère.

Activité 2 Habitudes et intentions

Complétez ces phrases avec la préposition **pour, avant de** ou **sans.**

1. Je vais à une [station-service] ____________ vérifier les freins.
2. Ils sont allés au [supermarché] ____________ rentrer chez eux.
3. Jean fait ses [devoirs] ____________ réussir à l'examen.
4. Ne partez pas ____________ prendre vos [clés] !
5. Je suis sorti ____________ mettre de [manteau] et j'ai eu très froid.

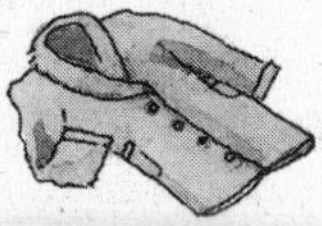

Activité 3 Deux activités

Complétez chaque phrase en mettant le verbe correspondant au participe présent. Les verbes sont donnés dans l'ordre.

étudier	écouter des CD	faire attention	travailler	regarder la télé	courir

1. On apprend en ____________.
2. Je lis en ____________.
3. Je conduis en ____________.
4. Je gagne de l'argent en ____________.
5. Nous mangeons en ____________.
6. Je pars en ____________.

Nom ____

Classe ______________________ Date ______________ ______________

Discovering FRENCH Nouveau!

BLANC

B

Activité 1 Opinions et sentiments

Choisissez l'expression la plus logique pour compléter chaque phrase.

de me présenter
d'attendre
de dire
de quitter
d'entendre

1. Je suis ravie ______________ tes bonnes nouvelles.
2. Il est triste ______________ la ville qu'il connaît.
3. Il est impoli ______________ des mots comme ça.
4. Elle est gentille ______________ ses amis qui sont en retard.
5. Tu es sympa ______________ à tes copains.

Activité 2 Hier

Complétez chaque phrase avec **pour, sans** ou **avant de.**

1. Mes copains sont allés à la bibliothèque ______________ faire des recherches (*research*).
2. Ma soeur est allée à Paris ______________ rendre visite à notre tante.
3. J'ai conduit ______________ faire attention et Papa s'est fâché.
4. On a dîné en famille ______________ faire nos devoirs.
5. ______________ me coucher, j'ai lu un article intéressant.

Activité 3 Deux activités

Complétez les phrases suivantes avec le participe présent du verbe illustré.

1. Hier, j'ai écouté mon nouveau CD en ____________________.
2. Jérôme a oublié l'heure en ____________________.
3. S'il te plaît, ne parle pas en ____________________.
4. Ils se sont amusés en ____________________.

Nom ______________________________

Classe ____________________ Date ______________

Discovering FRENCH Nouveau!

BLANC

C

Activité 1 Opinions et sentiments

Faites des phrases en utilisant la préposition **de** suivie d'un verbe à l'infinitif.

1. Je suis triste ______________________________.
2. Mon amie est gentille ______________________________.
3. Mon copain est content ______________________________.
4. Mes parents sont heureux ______________________________.
5. Mon grand-père est ravi ______________________________.

Activité 2 Hier

Récrivez les phrases en utilisant les prépositions **pour, sans** ou **avant de** suivies de l'infinitif.

1. Mon père a vérifié l'huile, puis il est allé au bureau.

   ______________________________.
2. Je suis allée à la boulangerie et j'ai acheté du pain.

   ______________________________.
3. Elle est partie de la maison et elle n'a pas mis son chapeau.

   ______________________________.
4. On a pris le petit déjeuner, puis on a fait les courses.

   ______________________________.
5. Monique est allée à la bibliothèque, où elle a emprunté un livre.

   ______________________________.

Activité 3 Habitudes

Complétez les phrases suivantes en vous servant des activités illustrées et de la construction **en + participe présent.**

Modèle J'apprends en étudiant.

1. Bernard se brosse les dents ____________ dans le miroir.
2. Je m'endors ____________ un livre.
3. Mon frère s'amuse ____________ au foot.
4. Mes soeurs parlent ____________ un film à la télévision.
5. Ma mère téléphone ____________ la cuisine.

Nom ______________________________

Classe ______________________ Date ______________

Discovering FRENCH Nouveau!

BLANC

LEÇON 35 En panne

A

Activité 1 Obligations

Mettez un cercle autour du verbe principal, puis décidez s'il est au subjonctif ou à l'infinitif.

1. Il faut finir vos devoirs avant de sortir. subjonctif infinitif
2. Il faut qu'elle mange tous ses légumes. subjonctif infinitif
3. Il faut que je me promène après le dîner. subjonctif infinitif
4. Il faut prendre des photos à la boum. subjonctif infinitif
5. Il faut que tu travailles un peu plus. subjonctif infinitif

Activité 2 Correspondances

Faites correspondre les phrases qui ont le même sens.

_____ 1. Il faut qu'il écrive la lettre.
_____ 2. Il faut qu'il mette la table.
_____ 3. Il faut qu'il s'arrête tout de suite.
_____ 4. Il faut qu'il parle plus fort.
_____ 5. Il faut qu'il conduise prudemment.

a. Il doit s'arrêter tout de suite.
b. Il doit parler plus fort.
c. Il doit écrire la lettre.
d. Il doit conduire prudemment.
e. Il doit mettre la table.

Activité 3 Des choses à faire

D'abord, écrivez l'infinitif du verbe illustré. Ensuite, complétez la phrase au subjonctif.

Infinitif | Il faut que . . .

1.  ______________ vous ______________

2.  ______________ nous ______________

3.   ______________ tu ______________

4.  ou  ? ______________ je ______________

Nom ______________________________

Classe ____________________ Date ____________

Discovering FRENCH Nouveau!

BLANC

B

Activité 1 Il faut . . .

Mettez un cercle autour du verbe qui convient.

1. qu'elle *lit / lise / lisait.*
2. que je *mette / mets / mis* la table.
3. que nous *finissions / finissons / finir* nos devoirs.
4. qu'il *écrivait/ écrit / écrive* ce mail.
5. que tu nous *attende / attendes / attendras.*
6. qu'ils *parler / parle / parlent* moins fort.
7. que je te *dise / dis / disais* la nouvelle.
8. qu'elle *gagne / gagnera / gagnait!*
9. que vous m'*écoutiez / écoutez / écoute.*
10. que nous *partons / partirons / partions.*

Activité 2 Préparatifs

Complétez les phrases en mettant le verbe entre parenthèses au subjonctif.

1. Il faut d'abord qu'on ____________________ nos devoirs. (finir)
2. Il faut que je ____________________ bientôt. (partir)
3. Il faut que nous ____________________ des sandwichs à la fête. (apporter)
4. Il faut que vous ____________________ des CD. (choisir)
5. Il ne faut pas qu'ils ____________________ de prendre leurs clés. (oublier)

Activité 3 Des choses à faire

D'abord, mettez le verbe au temps qui convient. Ensuite, indiquez quel est ce temps.

1. Il faut ____________________ après les repas. subjonctif infinitif

2. Il faut que je ____________________ tôt. subjonctif infinitif

3. Il veut ____________________ de l'eau. subjonctif infinitif

4. Elle va ____________________ à ses grands-parents ce soir. subjonctif infinitif

5. Il faut que nous ____________________. subjonctif infinitif

C

Activité 1 Obligations

Complétez les phrases suivantes avec **l'indicatif, le subjonctif** ou **l'infinitif** selon le cas.

1. Il faut qu'elle ___.
2. Il faut ___ pour réussir aux examens.
3. Nadine ne ___ pas ___ sans son permis.
4. Il faut ___ le scooter avant de l' ___.
5. Il faut que j' ___ un nouveau jean.

Activité 2 Des choses à faire

D'abord, indiquez l'infinitif avec un cercle. Ensuite, mettez la phrase au subjonctif.

1. Je dois choisir un sport cette année. ___
2. Antoine devrait pratiquer un peu plus. ___
3. Tu devrais attendre Corinne. ___
4. Nous devrions mettre la table. ___
5. Ils doivent gagner le match demain. ___

Activité 3 Il faut . . .

Complétez la phrase en mettant le verbe entre parenthèses au subjonctif.

1. (écouter) Il faut que tu m' ___.
2. (mettre) Il faut que je ___ un pull.
3. (choisir) Il faut que nous ___.
4. (gagner) Il faut que vous ___.
5. (répondre) Il faut que vous lui ___.
6. (dire) Il faut que tu ___ la vérité.
7. (écrire) Il faut qu'on lui ___ un mail.
8. (partir) Il faut que nous ___.
9. (attendre) Il faut qu'elle nous ___.
10. (rendre) Il faut que je ___ ce livre.

LEÇON 36 Merci pour la leçon

A

Activité 1 Des choses à faire

Mettez un cercle autour de la forme du verbe qui convient.

1. Dépêche-toi! Il faut qu'on *ait / soit* à l'heure.
2. Il faut que tu *ailles / fasses* à la boulangerie chercher du pain.
3. Il faut que tu *fasses / aies* attention à ne pas oublier tes clés.
4. Il faut que vous *ayez / alliez* de l'argent pour faire les courses.
5. Je suis déjà en retard. Il faut absolument que je m'en *aille / sois*.

Activité 2 Ce que chacun souhaite

Mettez un cercle autour des verbes qui conviennent.

1. Je voudrais que mon grand-père *vive / vit* avec nous.
2. Marc voudrait que sa copine *est / soit* plus gentille avec lui.
3. Ma mère voudrait que mon père *va / aille* au supermarché.
4. Mon père voudrait que je *suive / suis* un cours à l'auto-école.
5. L'instructeur de l'auto-école voudrait que mon frère *conduit / conduise* moins vite.

Activité 3 La boum

Céline organise une boum. Complétez les phrases au subjonctif, à l'aide des illustrations et des mots de la case.

mettre le couvert	choisir des CD	prendre des photos
répondre au téléphone	faire les courses	

1. Elle voudrait que Mélanie et Éric ____________________.

2. Elle voudrait que Paul ____________________.

3. Elle voudrait que tu ____________________.

4. Elle voudrait qu'Olivier et Stéphane ____________________.

5. Elle voudrait que Catherine ____________________.

Nom ____

Classe ______________________ Date ______________

Discovering FRENCH *Nouveau!*

BLANC

B

Activité 1 Des choses à faire

Complétez les phrases en mettant les actions illustrées (avec **être, avoir, faire, aller)** au subjonctif.

1. Il faut que nous ______________________ cet été.
2. Il faut que tu ______________________ cet après-midi.
3. Je voudrais que nous ______________________ ce soir.

4. Mon père ne veut pas que ma soeur ______________________. J'en ai un parce que j'ai dix-huit ans.
5. Il faut que tu ______________________ au parking à 16h. Nous serons là.

Activité 2 De mauvaise humeur

Vous êtes de mauvaise humeur et vous ne voulez pas faire ce qu'on vous demande. Faites correspondre les souhaits, à gauche, et vos réponses, à droite.

_____ 1. Il faut que tu ranges ta chambre.
_____ 2. Il faut que tu nettoies le pare-brise.
_____ 3. Il faut que tu fasses la cuisine.
_____ 4. Il faut que tu ailles à la boulangerie.
_____ 5. Il faut que tu écrives à Sophie.

a. Je ne veux pas lui écrire.
b. Je ne veux pas la ranger.
c. Je ne veux pas la faire.
d. Je ne veux pas le nettoyer.
e. Je ne veux pas y aller.

Activité 3 Préparatifs

Votre père essaie d'organiser tout le monde pour les vacances. Mettez un cercle autour des verbes qui conviennent.

Demain, les vacances commencent. Ce soir, je veux que Benoît *fait / fasse / faire* la cuisine et que vous *faites / fassiez / faire* vite vos valises. Après le dîner, on va les *met / mette / mettre* dans le coffre. Demain matin, je veux que vous *soient / êtes / soyez* tous prêts avant 10h. Je *suis / sois / serai* le premier à conduire. Ensuite, il faut que Louise ou Maman *conduit / conduise / conduire.* Je ne veux pas qu'on *s'arrêtera / s'arrêter / s'arrête* avant d'arriver à l'hôtel.

Nom ______________________________

Classe ____________________ Date ____________

C

Activité 1 À faire et à ne pas faire

Complétez chaque phrase avec la forme correcte d'**être,** d'**avoir,** de **faire** ou d'**aller.**

1. Il ne faut pas qu'Ariane ____________________ au téléphone trop longtemps.
2. Il faut que je ____________________ du sport ce semestre.
3. Je voudrais que nous ____________________ au parc ce soir.
4. Il faut qu'ils ____________________ à la pharmacie avant 21 heures.
5. Il faut que nous ____________________ au cinéma quand le film commence.

Activité 2 Ce que chacun souhaite

Complétez les phrases avec des souhaits logiques et les verbes **être, avoir, faire** ou **aller.**

1. Je ne veux pas que ______________________________.
2. Il faut que ______________________________.
3. Il ne faut pas que ______________________________.
4. Mes parents voudraient que ______________________________.
5. Mon copain voudrait que ______________________________.

Activité 3 Des conseils

La mère de Marc lui donne des conseils. Complétez les phrases en mettant le verbe entre parenthèses au présent de l'indicatif ou du subjonctif, à l'infinitif ou au participe présent.

Tu devrais ______________ (se réveiller) plus tôt le matin et il faudrait que ______________ (se lever) tout de suite. Ensuite, il faut que tu ______________ (prendre) un bon petit déjeuner et que tu ______________ (aller) vite au lycée, en ______________ (partir) assez tôt pour ______________ (arriver) à l'heure. Si tu ______________ (travailler) bien pendant la journée, tu pourrais ______________ (sortir) le soir. Enfin nous voudrions que tu ______________ (dormir) au moins huit heures, donc il faudrait que ______________ (se coucher) avant 11h.

UNITÉ 9

Lecture

A

Le Karting de compétition vous intéresse?

Lorsque vous possédez un kart, voici les étapes à suivre:

1- Devenir membre d'un Club affilié à la Fédération Auto-Québec. Coût d'inscription: $30.00. Le CKSH (Club de Karting St-Hilaire) offre à ses members le catalogue de SH Karting, des communiqués régulièrement incluant les promotions chez SH Karting et les règlements particuliers et résultats des épreuves de la Coupe de Montréal.

2- Suivre un cours de pilotage reconnu par la Fédération Auto-Québec. SH Karting offre un cours de pilotage donné par un instructeur accrédite par la Fédération Auto-Québec. Il est constitué d'un volet théorique et d'une évaluation technique.

3- Demander une licence de compétition à la Fédération Auto-Québec. Le coût approximatif de la licence varie de $50.00 à $75.00 + taxes selon la classe. Vous recevez alors un livre de réglements.

4- S'inscrire à chaque course à laquelle on veut participer; Courses régionales: $70.00 chacune Coupe de Montréal CKMF Radio Énergie

Compréhension

1. Que veut dire **étape**, en anglais?

   ____

2. Qu'est-ce qui coûte $30?

   ____

3. Quelles sont les trois choses que le Club de Karting offre à ses membres?

   ____
   ____
   ____

4. Qu'est-ce qu'on apprend dans **un cours de pilotage**?

   à courir   à conduire

5. Que veut dire le verbe réflexif **s'inscrire** et quel est le nom qui lui correspond?

   ____
   ____

Qu'est-ce que vous en pensez?

1. Quel est le synonyme de **licence** que vous connaissez?

   ____

2. Quel est le nom qui correspond au verbe **posséder**?

   ____

Nom ______________________

Classe ______________ Date ______________

B

Le karting, un sport accessible à tous!

Le karting représente la forme la plus accessible du sport automobile pour tout amateur qui désire s'y adonner. Il représente également l'étape de base pour un jeune pilote désirant atteindre des niveaux supérieurs dans le domaine de la compétition automobile. D'ailleurs, on peut constater le nombre important de pilotes renommés qui ont entrepris leur carriére en karting. On pense aux Senna, Prost, Piquet, Mansell, Fittipaldi de même que la plupart des pilotes actuels de Formule 1.

Place aux sensations fortes !!!

Accessible aux jeunes de 10 à 90 ans, SH Karting offre maintenant deux vértables pistes de course totalisant 1.4 kilomètres. Avec leurs virages en épingle, virages relevés, pont-tunnel et longues lignes droites, les tracés vous permetteront de connaître toutes les sensations fortes transmises par une voiture de course.

Tout en vous amusant, voilà l'occasion de fignoler votre technique de pilotage au volant d'un kart rapide et sécuritaire suivi tour par un système de chronométrage des plus moderne avec résultats compliés, tout cela dans un environement champêtre au pied du Mont-St-Hilaire, à seulement quelques minutes de Montréal.
(Grandeur minimum requise de 52 pouces - 1,32 m)

Compréhension

1. Quels sont les deux avantages présentés du karting?

   ____

   ____

2. Quel âge faut-il avoir pour participer aux compétitions?

   8 ans   10 ans   12 ans   15 ans

3. Quelle taille faut-il avoir? En mètres? En pieds?

   ____

   ____

4. Quels pilotes ont commencé leur carrière en karting?

   ____

5. Que veut dire **renommé?**

   célèbre   excellent

Qu'est-ce que vous en pensez?

1. Que veut dire **au pied** du Mont-St-Hilaire?

   en bas   en haut

2. Comment dit-on **to be at the wheel**?

   ____

C

Avec ses **12.000m2** de superficie, au coeur de Paris, **Citroën St Lazare** vous propose :

● **Un Service Commercial : 01 44 70 60 60**

Avec un choix de véhicules neufs et d'occasions important sur ses 1200m2 de Show-Room, et une équipe commerciale à votre disposition pour vous présenter la gamme Citroën, vous la faire essayer ou vous proposer notre meilleure offre de reprise.

● **Un Service Atelier Toutes Marques : 01 44 70 60 86**

avec :
- Un Chrono Service sans rendez-vous.
- Un atelier mécanique possédant les matériels les plus perfectionnés, aidé d'une équipe performante, et ce afin de vous garantir le meilleur entretien.
- Un atelier carrosserie toutes marques agréé par la plus part des compagnies d'Assurance.

● **Un Service Pièces de Rechange et Accessoires : 01 44 70 60 94**

À l'occasion de nos **Portes Ouvertes les 24 et 25 mars,** venez découvrir et essayer la nouvelle Citroën C5. Toute l'équipe de **Citroën St Lazare** vous réservera un accueil privilégié.

CITROËN ST LAZARE
25, rue de Constantinople
75008 PARIS

Compréhension

1. Que veut dire **superficie?**

   grand magasin surface

2. Qu'est-ce qu'un **véhicule d'occasion?**

   une nouvelle voiture
   une voiture déjà utilisée

3. Qu'est-ce qu'on fait dans **un atelier mécanique?**

   ____

4. Si on **vous fait essayer** une voiture, qu'est-ce que ça veut dire?

   ____

5. **Toutes marques** veut dire . . .

   ____

Qu'est-ce que vous en pensez?

1. Que fait une **équipe commerciale?**

   ____

2. Comment dit-on **pièces de rechange** en anglais?

   ____

Discovering French, Nouveau!
Blanc

Vocabulary and Grammar
Lesson Review Bookmarks

Reprise
VOCABULAIRE

Pour communiquer

TALKING ABOUT THINGS	
Qu'est-ce que c'est?	What's that?; What is it?
C'est …	That is …
Ce sont …	Those are …
Voici / Voilà …	This (Here) is …; These (Here) are …
Qu'est-ce qu'il y a … ?	What is there … ?
Il y a …	There is (are) …
Il n'y a pas …	There is (are) no …
Est-ce qu'il y a … ?	Is (Are) there … ?
HOW TO TALK ABOUT WHAT YOU LIKE, WANT, CAN DO, AND MUST DO	
Qu'est-ce que tu aimes faire?	What do you like to do?
J'aime …	I like …
Je n'aime pas …	I don't like …
Je préfère …	I prefer …
Qu'est-ce que tu veux faire?	What do you want to do?
Je veux …	I want …
Je ne veux pas …	I don't want …
Je voudrais …	I would like …
Qu'est-ce que tu peux faire?	What can you do?
Je peux …	I can, I am able to …
Je ne peux pas …	I can't (cannot) …
Qu'est-ce que tu dois faire?	What must / should you do?
Je dois …	I must, I should, I have to …
Je ne dois pas …	I shouldn't …

Mots et expressions

LES ÉCOLES	
un collège	middle school
une école	school
une école privée	private school
une école publique	public school
un lycée	(senior) high school
la vie scolaire	school life
LES ÉTUDES ET LES MATIÈRES	
l'allemand (m.)	German
l'anglais (m.)	English
les arts (m.) plastiques	art
la biologie (la bio)	biology
la chimie	chemistry
une classe	class
un cours	class, course
l'économie (f.)	economics
l'éducation (f.) physique	physical education
l'espagnol (m.)	Spanish
les études (f.)	studies
le français	French
la géographie (la géo)	geography
l'histoire (f.)	history
l'informatique (f.)	computer science
les langues (f.)	languages
les maths (f.)	mathematics
les matières (f.)	school subjects
la musique	music
la philosophie (la philo)	philosophy
la physique	physics
les sciences (f.)	science
le sport	sports
la technologie (la techno)	technology
INDICATING WHERE THINGS ARE LOCATED	
sur	on (top of)
sous	under
devant	in front of
derrière	behind
à gauche (de)	to the left (of)
à droite (de)	to the right (of)
près (de)	near
loin (de)	far (from)
dans	in, inside
entre	between
à côté (de)	beside; next to
ASKING FOR INFORMATION	
où?	where?
quand?	when?
comment?	how?
pourquoi?	why?
à quelle heure?	at what time?
qui?	who(m)?
à qui?	to whom?
avec qui?	with whom?
qu'est-ce que?	what?
de quoi?	about what?

Discovering FRENCH Nouveau! BLANC

Unité 1, Leçon 1
LE FRANÇAIS PRATIQUE

Pour communiquer

INTRODUCING PEOPLE	
Je te présente ...	I introduce ... to you.
Je voudrais vous présenter ...	I would like to introduce ... to you.
Enchanté(e).	Glad to meet you.
FUTURE PLANS	
Qu'est-ce que tu voudrais faire plus tard?	What would you like to do later on?
Je voudrais être ...	I'd like to be ...
MAKING A PHONE CALL	
Est-ce que je pourrais parler à ... ?	Could I speak to ... ?
Ne quittez pas.	Hold on.
Je suis désolé(e) ...	I am sorry ...
Je rappellerai.	I'll call back.

Mots et expressions

L'IDENTITÉ	
une adresse	address
l'âge (m.)	age
la date	date
la date de naissance	date of birth, birthday
un domicile	place of residence
le lieu	place
une nationalité	nationality
un nom	name, last name
un numéro de téléphone	phone number
un prénom	first name
une profession	profession
LES GENS	
un(e) ami(e)	friend
un copain, une copine	friend
un(e) camarade	classmate, friend
un voisin, une voisine	neighbor
les gens	people
une personne	person
LA FAMILLE	
une famille	family
un parent	parent, relative
un(e) enfant	child
le mari	husband
la femme	wife
le père	father
la mère	mother
le beau-père	stepfather, father-in-law
la belle-mère	stepmother, mother-in-law
le fils	son
la fille	daughter
le frère	brother
la soeur	sister
le demi-frère	stepbrother, half brother
la demi-soeur	stepsister, half sister
l'oncle (m.)	uncle
la tante	aunt
le (la) cousin(e)	cousin
le neveu	nephew
la nièce	niece
le grand-père	grandfather
la grand-mère	grandmother
le petit-fils	grandson
la petite-fille	granddaughter
LES PROFESSIONS	
un acteur, une actrice	actor, actress
un(e) avocat(e)	lawyer
un(e) cinéaste	filmmaker
un(e) comptable	accountant
un(e) dentiste	dentist
un dessinateur, une dessinatrice	designer, draftsperson
un docteur	doctor
un écrivain	writer
un(e) employé(e) de bureau	office worker
un homme (une femme) d'affaires	businessperson
un infirmier, une infirmière	nurse
un(e) informaticien(ne)	computer specialist
un ingénieur	engineer
un(e) journaliste	journalist
un mannequin	fashion model
un médecin	doctor
un(e) patron(ne)	boss
un(e) pharmacien(ne)	pharmacist
un(e) photographe	photographer
un programmeur, une programmeuse	programmer
un(e) secrétaire	secretary
un(e) technicien(ne)	technician
un vendeur, une vendeuse	salesman, saleswoman
un(e) vétérinaire	veterinarian
un bureau	office

Continued on reverse

Discovering FRENCH Nouveau! BLANC

Unité 1, Leçon 2
VOCABULAIRE

Mots et expressions

ADJECTIFS	
actif, active	active
aimable	pleasant, nice
ambitieux, ambitieuse	ambitious
bête	dumb, silly
consciencieux, consciencieuse	conscientious
content(e)	happy
curieux, curieuse	curious
drôle	funny
égoïste	selfish
ennuyeux, ennuyeuse	boring
généreux, généreuse	generous
génial(e) (m. pl. -aux)	great
heureux, heureuse	happy
imaginatif, imaginative	imaginative
impoli(e)	impolite
impulsif, impulsive	impulsive
injuste	unfair
intellectuel(le)	intellectual
intuitif, intuitive	intuitive
juste	fair
libéral(e) (m. pl. -aux)	liberal
malheureux, malheureuse	unhappy
mignon(ne)	cute
musicien(ne)	musical
naïf, naïve	naive
original(e) (m. pl. -aux)	original
paresseux, paresseuse	lazy
pauvre	poor
pénible	boring
poli(e)	polite
ponctuel(le)	punctual
riche	rich
sensible	sensitive
sérieux, sérieuse	serious
spirituel(le)	witty
sportif, sportive	athletic
sympathique, sympa	nice
timide	shy
triste	sad
ADJECTIFS QUI PRÉCÈDENT LE NOM	
beau, belle	beautiful
bon, bonne	good
grand(e)	big
jeune	young
joli(e)	pretty
mauvais(e)	bad
nouveau, nouvelle	new
petit(e)	small
vieux, vieille	old
EXPRESSIONS AVEC ÊTRE	
être d'accord (avec)	to agree (with)
être en train de + INFINITIVE	to be busy ...
être à + NAME OF PERSON	to belong to ...
être à l'heure	to be on time
être en avance	to be early
être en retard	to be late
EXPRESSIONS UTILES	
assez	rather, pretty
très	very
trop	too

The Verb être (to be)

je suis	nous sommes
tu es	vous êtes
il/elle/on est	ils/elles sont

Note: The **imperative** forms of **être** are irregular: **sois, soyez, soyons.**

Adjectives

Forms

	SINGULAR	PLURAL
MASCULINE	– (petit)	–s (petits)
FEMININE	–e (petite)	–es (petites)

Masculine singular adjectives that end in **–e** do not change in the feminine singular and the ones that end in **–s** remain the same in the masculine plural.

Placement of Adjectives

- Most adjectives come after the noun they modify: **Christine a un cahier <u>vert</u>.**
- Some adjectives come before the noun: **grand, petit, bon (bonne), mauvais, beau (belle), nouveau (nouvelle), vieux (vieille), joli, jeune**

  Ex.: **Paul a un <u>nouveau</u> portable.**

Note: Beau, nouveau, and **vieux** become **bel, nouvel,** and **vieil** before a vowel sound: **un vieil homme.**

Several Irregular Adjectives

- Irregular adjectives that follow predictable patterns:

ADJECTIVES	MASCULINE SINGULAR	FEMININE SINGULAR	MASCULINE PLURAL	FEMININE PLURAL
WITH –eux	–eux (sérieux)	–euse (sérieuse)	–eux (sérieux)	–euses (sérieuses)
WITH –al	–al (original)	–ale (originale)	–aux (originaux)	–ales (originales)

- Adjectives with irregular feminine forms:

MASCULINE	FEMININE
–if (actif)	–ive (active)
–el (ponctuel)	–elle (ponctuelle)

MASCULINE	FEMININE
–on (bon)	–onne (bonne)
–en (canadien)	–enne (canadienne)

C'est or il est

C'est and **il/elle est** are used to describe people or things.

C'est + NAME	<u>C'est</u> Stéphanie.
C'est + ARTICLE + NOUN + (ADJECTIVE)	<u>C'est</u> une cousine d'Anne.
C'est + ARTICLE + ADJECTIVE + NOUN	<u>C'est</u> une jolie fille.
Il/Elle est + ADJECTIVE	<u>Elle est</u> intelligente.

- **C'est** is also used with **mon** and **ma: <u>C'est</u> mon copain.**
- Negative singular: **ce n'est pas;** plural: **ce ne sont pas**
- Two ways of referring to professions: **<u>Elle est</u> architecte.** Or: **<u>C'est</u> une architecte.**

Mots et expressions (Continued)

ADJECTIFS	
meilleur(e)	best
ADJECTIFS DE NATIONALITÉ	
allemand(e)	German
américain(e)	American
anglais(e)	English
belge	Belgian
cambodgien(ne)	Cambodian
canadien(ne)	Canadian
chinois(e)	Chinese
coréen(ne)	Korean
cubain(e)	Cuban
espagnol(e)	Spanish
français(e)	French
haïtien(ne)	Haitian
indien(ne)	Indian
italien(ne)	Italian
japonais(e)	Japanese
mexicain(e)	Mexican
portoricain(e)	Puerto Rican
russe	Russian
suisse	Swiss
vietnamien(ne)	Vietnamese
ADJECTIFS: LA FAMILLE	
célibataire	single
divorcé(e)	divorced
marié(e)	married
plus âgé(e)	older
plus jeune	younger
unique	only
EXPRESSIONS UTILES	
plus tard	later

Discovering FRENCH Nouveau! BLANC

Unité 1, Leçon 3
VOCABULAIRE

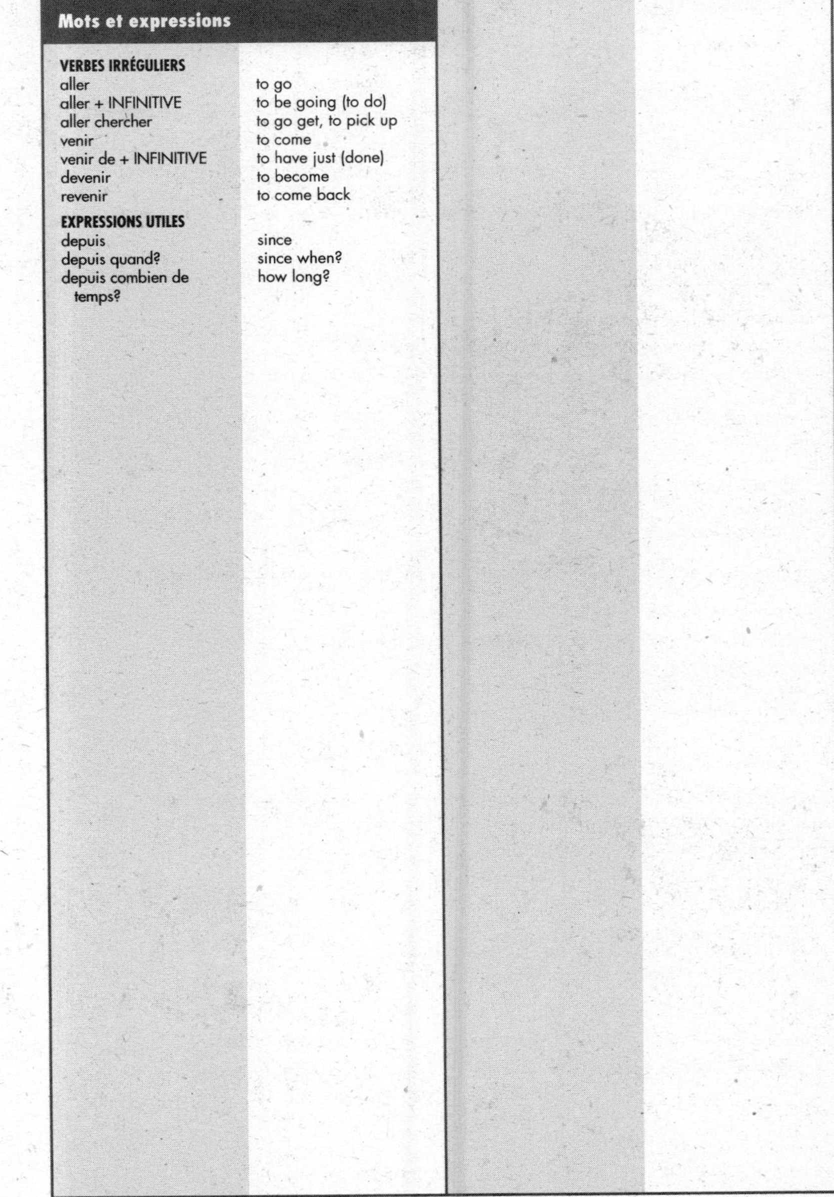

Pour communiquer

ASKING WHAT'S WRONG

Qu'est-ce que tu as?	What's wrong (with you)?
Qu'est-ce qu'il y a?	What's the matter?

Mots et expressions

EXPRESSIONS AVEC AVOIR

avoir de la chance	to be lucky
avoir chaud	to be hot, warm
avoir faim	to be hungry
avoir froid	to be cold
avoir peur	to be afraid
avoir raison	to be right
avoir soif	to be thirsty
avoir sommeil	to be sleepy, tired
avoir tort	to be wrong
avoir … ans	to be … years old
avoir l'air + ADJECTIVE	to seem, look
avoir besoin de + NOUN	to need (something)
avoir besoin de + INFINITIVE	to have to (do something)
avoir envie de + NOUN	to want (something)
avoir envie de + INFINITIVE	to feel like (doing something)
avoir l'intention de + INFINITIVE	to intend, plan to (do something)

EXPRESSIONS AVEC FAIRE

faire attention	to pay attention, be careful
faire la cuisine	to cook, to do the cooking
faire la vaisselle	to do the dishes
faire les courses	to do the (food) shopping
faire ses devoirs	to do one's homework
faire une promenade	to go for a walk, ride
faire du (de la) + SCHOOL SUBJECT	to study
faire du (de la) + SPORT OR PASTIME	to play, do

Discovering FRENCH Nouveau! BLANC

Unité 1, Leçon 4
VOCABULAIRE

Mots et expressions

VERBES IRRÉGULIERS

aller	to go
aller + INFINITIVE	to be going (to do)
aller chercher	to go get, to pick up
venir	to come
venir de + INFINITIVE	to have just (done)
devenir	to become
revenir	to come back

EXPRESSIONS UTILES

depuis	since
depuis quand?	since when?
depuis combien de temps?	how long?

Discovering FRENCH Nouveau! BLANC

Unité 1, Leçon 4
LANGUE ET COMMUNICATION

The Verb aller (to go)

Present

je vais	nous allons
tu vas	vous allez
il/elle/on va	ils/elles vont

The Construction aller + Infinitive

To express what people ARE GOING (or NOT GOING) TO DO, use the construction:

aller	+	INFINITIVE
Je vais		jouer au foot.

Note: The expression **aller chercher** can mean:
- to go get: **Alice va chercher son cousin à l'aéroport.**
- to pick up: **Je dois aller chercher un livre à la bibliothèque.**

The Verb venir (to come)

Present

je viens	nous venons
tu viens	vous venez
il/elle/on vient	ils/elles viennent

Note: Devenir (to become) and **revenir** (to come back) are conjugated like **venir.**

The Construction venir + Infinitive

To say what people HAVE JUST DONE, use the construction:

venir de	+	INFINITIVE
Ton frère vient de		téléphoner.

The Present with depuis

- To express what people have been doing **since** a certain time, use the construction:

PRESENT	+	depuis	+	STARTING POINT IN TIME
Je travaille ici		depuis		lundi.

- To express what people have been doing **for** a certain time, use the construction:

PRESENT	+	depuis	+	DURATION OF ACTIVITY
Je travaille ici		depuis		cinq jours.

- Interrogative expressions:

depuis quand?	since when?	**Depuis quand es-tu ici?**
depuis combien de temps?	how long?	**Depuis combien de temps attends-tu?**

Discovering FRENCH Nouveau! BLANC

Unité 1, Leçon 3
LANGUE ET COMMUNICATION

The Verb avoir (to have)

j'ai	nous avons
tu as	vous avez
il/elle/on a	ils/elles ont

The Verb faire (to do, to make)

je fais	nous faisons
tu fais	vous faites
il/elle/on fait	ils/elles font

Questions with Inversion

Asking Yes/No Questions

With **inversion,** reverse the order of the subject pronoun and the verb.

VERB	+	HYPHEN	+	SUBJECT PRONOUN	+	(REST OF SENTENCE)
As		-		tu		un vélo?

Note: Connect the verb to the subject pronoun with a hyphen.

Pronunciation Note: The sound / t / is pronounced between the verb and the subject pronouns **il, elle, ils, elles,** and **on.** If the **il/elle/on-**form of the verb ends in a vowel, put the letter **-t-** between the verb and the pronoun.

Ex.: **A-t-il un bon job?**
Travaille-t-elle beaucoup?

Asking Information Questions

INTERROGATIVE EXPRESSION	+	VERB	+	HYPHEN OR -t-	+	SUBJECT PRONOUN	+	(REST OF SENTENCE)
Où		habites		-		tu?		
Quand		travaille		-t-		il?		
Pourquoi		sont		-		ils		en retard?

Discovering FRENCH Nouveau! BLANC

Unité 2, Leçon 5
LE FRANÇAIS PRATIQUE

Mots et expressions

EN MÉTRO

un billet (de métro)	subway ticket
un ticket (de métro)	subway ticket
monter	to get on
descendre	to get off

À LA CAMPAGNE

un arbre	tree
la campagne	country(side)
un champ	field
une ferme	farm
une feuille	leaf
une fleur	flower
une forêt	forest
un lac	lake
une plante	plant
une prairie	prairie
une rivière	river
un bain de soleil	sunbath

LES ANIMAUX

un canard	duck
un cheval (des chevaux)	horse
un cochon	pig
un écureuil	squirrel
un lapin	rabbit
un oiseau (des oiseaux)	bird
un poisson	fish
une poule	hen
une vache	cow

VERBES RÉGULIERS

aider	to help
assister à	to attend
bronzer	to get a tan
chercher	to look for
laver	to wash
nager	to swim
nettoyer (je nettoie)	to clean
passer	to spend (time)
ranger	to pick up, to put away
rencontrer	to meet
rentrer	to come back, to go home
rester	to stay
retrouver	to meet
travailler	to work

VERBES IRRÉGULIERS

partir	to leave
prendre	to take
sortir	to go out
voir	to see

EXPRESSIONS AVEC ALLER

aller à la pêche	to go fishing
aller à pied	to walk
aller dans les magasins	to go shopping

EXPRESSIONS AVEC FAIRE

faire des achats	to go shopping
faire un pique-nique	to have a picnic
faire une promenade	to go for a walk, ride
faire une randonnée	to go for a hike, long ride
faire un tour à cheval	to go for a horseback ride
faire un tour à pied	to go for a walk
faire un tour à vélo	to go for a bike ride

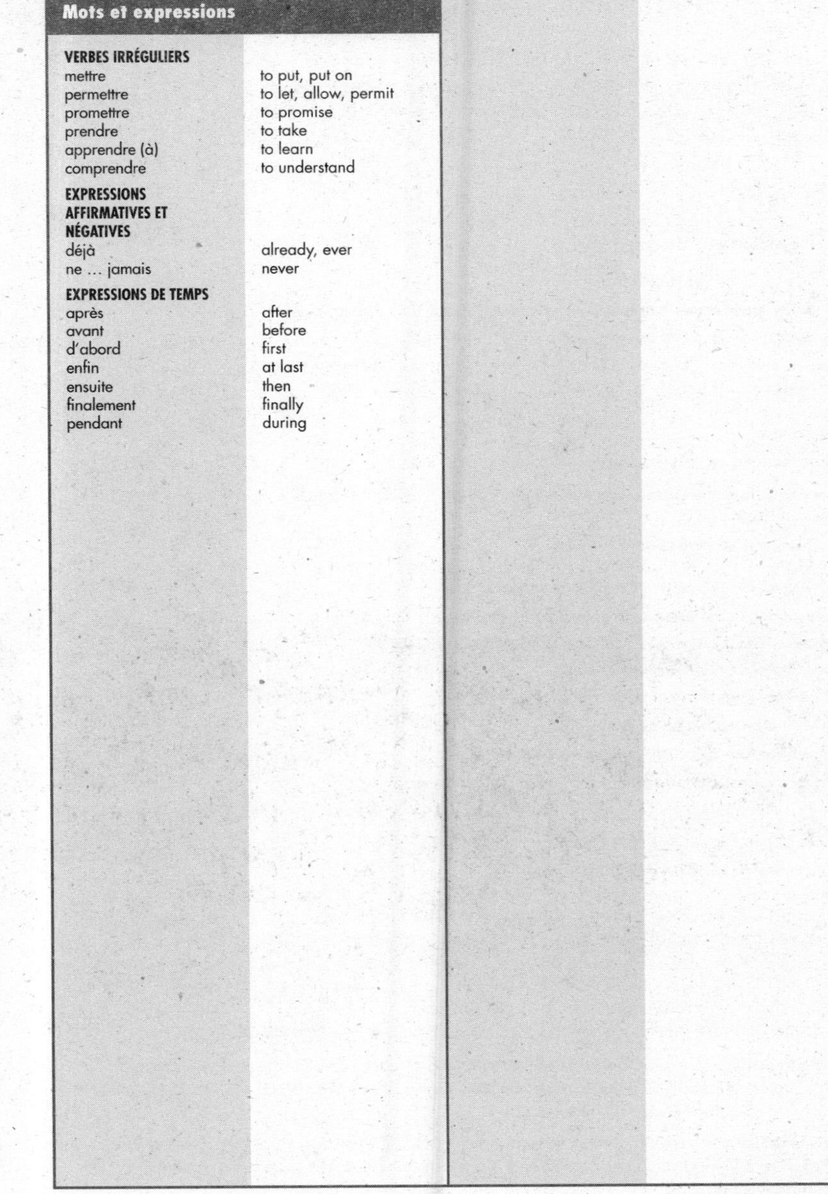

Discovering FRENCH Nouveau! BLANC

Unité 2, Leçon 6
VOCABULAIRE

Mots et expressions

VERBES IRRÉGULIERS

mettre	to put, put on
permettre	to let, allow, permit
promettre	to promise
prendre	to take
apprendre (à)	to learn
comprendre	to understand

EXPRESSIONS AFFIRMATIVES ET NÉGATIVES

déjà	already, ever
ne ... jamais	never

EXPRESSIONS DE TEMPS

après	after
avant	before
d'abord	first
enfin	at last
ensuite	then
finalement	finally
pendant	during

Unité 2, Leçon 6
LANGUE ET COMMUNICATION

The passé composé with avoir

Forms

The past participle of all regular **-er, -ir** and **-re** verbs is formed as follows:

INFINITIVE (MINUS -er/-ir/-re)	+ ENDING	= PAST PARTICIPLE
parler → parl-	-é	parlé
choisir → chois-	-i	choisi
vendre → vend-	-u	vendu

The **passé composé** is usually formed with the present of **avoir** and the past participle of the main verb: **J'ai travaillé.**

Usage of the passé composé

- The **passé composé** describes actions and events that took place in the past.
- It has several English equivalents:

J'ai visité Montréal. { I visited Montreal. / I have visited Montreal. / I did visit Montreal. }

Negative Form of the passé composé

In the negative, the **passé composé** is formed by placing **ne** before **avoir** and **pas** before the past participle.

Ex.: **Je n'ai pas étudié.**

Asking Questions in the passé composé

- Questions in the **passé composé** are formed according to the following pattern:

INTERROGATIVE FORM OF **avoir** + PAST PARTICIPLE

- **Yes/No questions** can be asked:
  with intonation: **Tu as travaillé?**
  with **est-ce que: Est-ce que tu as travaillé?**
- **Information questions** are formed using **est-ce que:**
  Ex.: **Quand est-ce que tu as dîné? / Qu'est-ce que tu as mangé?**

Note: When the subject of the question is a pronoun, inversion may be used.

Ex.: **As-tu dîné? / A-t-il travaillé?**

The Verbs prendre (to take) and mettre (to put, put on)

prendre	
je prends	nous prenons
tu prends	vous prenez
il/elle/on prend	ils/elles prennent

mettre	
je mets	nous mettons
tu mets	vous mettez
il/elle/on met	ils/elles mettent

Note: Prendre means to have when used with meals, foods, and beverages. The following verbs are conjugated like **prendre: apprendre** (to learn), **apprendre à** + INFINITIVE (to learn how to), and **comprendre** (to understand).

Note: Mettre can mean to put on or wear (clothes), to turn on (the radio, TV), or to set (the table). The following verbs are conjugated like **mettre: permettre** (to let, allow, permit) and **promettre** (to promise).

Discovering FRENCH BLANC *Nouveau!*

Unité 2, Leçon 7
VOCABULAIRE

Mots et expressions

VERBES IRRÉGULIERS	
voir	to see
aller voir	to go see
EXPRESSIONS AFFIRMATIVES ET NÉGATIVES	
quelqu'un	somebody
ne ... personne	nobody
quelque chose	something
ne ... rien	nothing

EXPRESSIONS DE TEMPS	
hier	yesterday
hier matin	yesterday morning
hier soir	last night, yesterday evening
l'été dernier	last summer
l'année dernière	last year
maintenant	now
aujourd'hui	today
ce matin	this morning
ce mois-ci	this month
ce soir	tonight
demain	tomorrow
demain après-midi	tomorrow afternoon
lundi prochain	next Monday
la semaine prochaine	next week

Unité 2, Leçon 7
LANGUE ET COMMUNICATION

The Verb voir (to see)

je vois	nous voyons
tu vois	vous voyez
il/elle/on voit	ils/elles voient

Several Irregular Past Participles

- Many irregular verbs have irregular PAST PARTICIPLES:

avoir → eu	faire → fait	prendre → pris
être → été	mettre → mis	voir → vu

- The verb **être** has two meanings in the **passé composé.** Compare:
  Juliette <u>a été</u> malade. Juliette <u>has been</u> sick.
  Elle <u>a été</u> à l'hôpital. She <u>went</u> to the hospital.
- Verbs conjugated like **mettre** and **prendre** have similar past participles:
  promettre → promis **comprendre → compris**
- The **passé composé** of **il y a** is **il y a eu: <u>Il y a eu</u> un bon film à la télé.**

Continued on reverse

Unité 2, Leçon 8
VOCABULAIRE

Pour communiquer

TALKING ABOUT PAST EVENTS	
Qu'est-ce qui est arrivé?	What happened?
J'ai attendu mon ami.	I waited for my friend.
Il n'est pas venu.	He didn't come.
SAYING HOW LONG AGO SOMETHING HAPPENED	
Marc a téléphoné il y a une heure.	Marc phoned an hour ago.
VERBES IRRÉGULIERS	
partir	to leave
sortir	to go out
dormir	to sleep

Mots et expressions

VERBES CONJUGUÉS AVEC ÊTRE	
aller	to go
arriver	to arrive, happen
descendre	to go down, get off
devenir	to become
entrer	to enter, come in
monter	to go up, get on
partir	to leave
passer	to pass, go by
rentrer	to return, go home, get back
rester	to stay
retourner	to return
revenir	to come back
sortir	to go out, get out
tomber	to fall
venir	to come

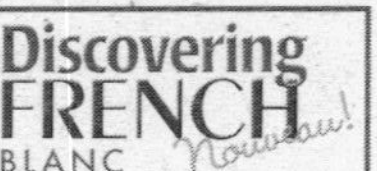

Unité 2, Leçon 8
LANGUE ET COMMUNICATION

Verbs like sortir (to go out, get out) and partir (to leave)

Present

sortir	
je sors tu sors il/elle/on sort	nous sortons vous sortez ils/elles sortent

partir	
je pars tu pars il/elle/on part	nous partons vous partez ils/elles partent

dormir	
je dors tu dors il/elle/on dort	nous dormons vous dormez ils/elles dorment

Passé composé

- The **passé composé** of **sortir** and **partir** is formed with **être.**
  Ex.: **Je <u>suis</u> sorti(e).**
  Nous <u>sommes</u> parti(e)s.
- The **passé composé** of **dormir** (to sleep) is formed with **avoir.**
  Ex.: **Il <u>a</u> dormi.**

The passé composé with être

The **passé composé** of certain verbs of motion like **aller, sortir,** and **partir** is formed according to the pattern:

PRESENT OF **être** (AFFIRMATIVE OR NEGATIVE) + PAST PARTICIPLE = **PASSÉ COMPOSÉ**

Ex.: **Olivier <u>est allé</u> au cinéma.**

Note: When the **passé composé** is formed with **être,** the past participle agrees with the subject.

Ex.: **Laure est sorti<u>e</u> avec un copain.**
Claire et Hélène ne sont pas parti<u>es</u> à la campagne.

The Expression il y a (ago)

To express how long ago a certain event took place, use the expression:

il y a + ELAPSED TIME

Ex.: **Marc a téléphoné <u>il y a une heure</u>.** Marc called <u>an hour ago</u>.
Je suis allé à Paris <u>il y a six mois</u>. I went to Paris <u>six months ago</u>.

Unité 2, Leçon 7 (Continued)
LANGUE ET COMMUNICATION

Quelqu'un, quelque chose and their opposites

Quelqu'un (somebody, someone) and ne … personne (nobody, not anyone)

- Present: **J'invite <u>quelqu'un</u>.** — **Tu <u>n</u>'invites <u>personne</u>.**
- **Passé composé: J'ai invité <u>quelqu'un</u>.** — **Tu <u>n</u>'as invité <u>personne</u>.**
- As subject of sentence: **<u>Quelqu'un</u> a téléphoné.** — **<u>Personne n</u>'a répondu.**

Quelque chose (something) and ne … rien (nothing, not anything)

- Present: **Je fais <u>quelque chose</u>.** — **Tu <u>ne</u> fais <u>rien</u>.**
- **Passé composé: J'ai fait <u>quelque chose</u>.** — **Tu <u>n</u>'as <u>rien</u> fait.**
- As subject of sentence: **<u>Quelque chose</u> ne va pas.** — **<u>Rien n</u>'est parfait.**

Ne … personne and ne … rien

- The negative expressions **ne … personne** and **ne … rien** require **ne** before the verb.
- In one-word answers, **personne** and **rien** can stand alone.
  Ex.: **—Qu'est-ce que tu as fait hier?**
  —Rien.
- In the **passé composé,** the word order is:

ne + **avoir** + PAST PARTICIPLE + **personne**

Ex.: **Je <u>n</u>'ai vu <u>personne</u>.**

ne + **avoir** + **rien** + PAST PARTICIPLE

Ex.: **Je <u>n</u>'ai <u>rien</u> vu.**

The passé composé of the Verb aller

- The **passé composé** of **aller** is formed with **être** according to the pattern:

PRESENT OF **être** + PAST PARTICIPLE

- The past participle takes endings to agree with the subject.

MASCULINE SUBJECT	
je suis allé tu es allé il est allé	nous sommes allés vous êtes allé(s) ils sont allés

FEMININE SUBJECT	
je suis allée tu es allée elle est allée	nous sommes allées vous êtes allée(s) elles sont allées

Ex.: **Samedi, Éric <u>est allé</u> au musée.** **Anne et Alice <u>sont allées</u> à une fête.**

- Negative: **Je ne suis pas allé(e).**
- Interrogative: **Es-tu allé(e)? / Est-ce que tu es allé(e)?**

Discovering FRENCH BLANC Nouveau!

Unité 3, Leçon 9
LE FRANÇAIS PRATIQUE

Pour communiquer

ORDERING AT A CAFÉ	
Vous désirez?	What would you like?
Et comme dessert?	And for dessert?
Le service est compris.	The tip is included.
FOOD PREFERENCES	
Quel est ton plat préféré?	What is your favorite dish?
J'adore …	I love …
Je n'aime pas tellement …	I don't like … that much.
SHOPPING FOR FOOD	
Vous désirez?	May I help you?; What would you like?
Et avec ça?	Anything else?
C'est tout?	Is that all?
Ça fait combien?	How much does that come to?

Mots et expressions

AU RESTAURANT	
l'addition (f.)	check, bill
une assiette	plate
la cantine	cafeteria
un couteau	knife
une cuillère	spoon
la cuisine	cooking, cuisine
le déjeuner / le dîner	lunch / dinner
une fourchette	fork
le petit déjeuner	breakfast
un plat	dish
le pourboire (le service)	tip (service charge)
un repas	meal
une serviette	napkin
une tasse / un verre	cup / glass
LA NOURRITURE	**FOOD**
les anchois (m.)	anchovies
une banane	banana
le beurre	butter
une boisson	beverage, drink
une carotte	carrot
le céleri	celery
les céréales (f.)	cereal
une cerise	cherry
un champignon	mushroom
un chocolat	hot chocolate, cocoa
la confiture	jam
un croque-monsieur	grilled ham and cheese
un dessert	dessert
l'eau (minérale)	(mineral) water
une fraise	strawberry
les frites (f.)	French fries
le fromage	cheese
un fruit	fruit
le gâteau	cake
la glace	ice cream
une glace à la vanille	vanilla ice cream
une glace au chocolat	chocolate ice cream
des haricots verts (m.)	green beans
un hors-d'oeuvre	appetizer
un ingrédient	ingredient
le jambon	ham
le jus d'orange	orange juice
le jus de pomme	apple juice
le jus de raisin	grape juice
le ketchup	ketchup (catsup)
le lait	milk
un légume	vegetable
une limonade	lemon soda
la margarine	margarine
la mayonnaise	mayonnaise
le melon	melon
la moutarde	mustard
un oeuf	egg
un oeuf sur le plat	fried egg
une omelette	omelet
une omelette nature	plain omelet
une orange	orange
le pain	bread
un pamplemousse	grapefruit
des petits pois (m.)	peas
un plat	dish
une poire	pear
le poisson	fish
le sel / le poivre	salt / pepper
une pomme	apple
une pomme de terre	potato
le porc	pork
le poulet	chicken
le poulet rôti	roast chicken
le riz	rice
le rosbif	roast beef
une salade	salad, lettuce
le saucisson	salami
le saumon	salmon
un soda	soft drink
la sole	sole
la soupe	soup
les spaghetti (m.)	spaghetti
le sucre	sugar
la tarte	pie
un thé	tea
un thé glacé	iced tea
le thon	tuna
une tomate	tomato
le veau	veal
la viande	meat
un yaourt	yogurt
un yaourt à la fraise	strawberry yogurt
LES QUANTITÉS	
un kilo / une livre	kilogram / pound
une douzaine	dozen
VERBES RÉGULIERS	
commander	to order
déjeuner / dîner	to have lunch / dinner
détester	to dislike, to hate
payer (je paie)	to pay, pay for
préférer (je préfère)	to prefer
VERBES IRRÉGULIERS	
mettre la table	to set the table
prendre le petit déjeuner	to have breakfast

Unité 3, Leçon 10
VOCABULAIRE

Mots et expressions

EXPRESSIONS DE QUANTITÉ	
ne … plus de	no more
VERBES IRRÉGULIERS	
devoir	must, to have (to); to owe
pouvoir	can, may, to be able
vouloir	to want

Unité 3, Leçon 10
LANGUE ET COMMUNICATION

The Verbs vouloir, pouvoir, and devoir

Vouloir (to want)

je veux	nous voulons
tu veux	vous voulez
il/elle/on veut	ils/elles veulent

The **passé composé** of **vouloir** is formed with **avoir,** and its past participle is **voulu. Vouloir** can be followed by a NOUN or an INFINITIVE.

To express a request politely, use **je voudrais** (I would like) instead of **je veux.**

To accept an offer, you can use the expression **je veux bien** (I'd love to).

Pouvoir (can, may, to be able)

je peux	nous pouvons
tu peux	vous pouvez
il/elle/on peut	ils/elles peuvent

The **passé composé** of **pouvoir** is formed with **avoir,** and its past participle is **pu. Pouvoir** has several English equivalents:

can	**Est-ce que tu peux faire les courses?**	Can you do the food shopping?
may	**Est-ce que je peux entrer?**	May I come in?
to be able	**Jacques ne peut pas venir ce soir.**	Jacques is not able to come tonight.

Continued on reverse

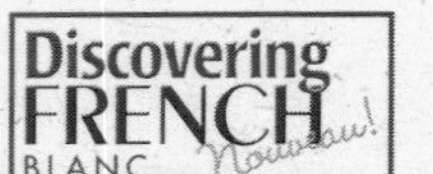

Unité 3, Leçon 10 (Continued)

LANGUE ET COMMUNICATION

Devoir (should, must, to have to)

je dois	nous devons
tu dois	vous devez
il/elle/on doit	ils/elles doivent

The **passé composé** of **devoir** is formed with **avoir,** and its past participle is **dû. Devoir** is usually followed by an INFINITIVE. It can mean:

should	**Nous devons étudier ce soir.**	We should study tonight.
must	**Vous ne devez pas sortir.**	You must not go out.
to have to	**Je dois préparer le dîner.**	I have to fix dinner.

Note: When **devoir** is followed by a NOUN, it means to owe: **Je dois 20 euros à mon frère.**

The Partitive Article: du, de la, de l', des

For whole items, nouns are introduced by INDEFINITE ARTICLES **(un, une).**

Ex.: **un poulet** (a whole chicken), **une tarte** (a whole pie).

For a part or some quantity of these items, nouns are introduced by PARTITIVE ARTICLES **(du, de la, des): du poulet** (a serving of chicken), **de la tarte** (a slice of pie), **de l'eau** (some water), **des frites** (some fries).

Forms of the Partitive Article

MASCULINE	du de l' (+ VOWEL SOUND) des	du fromage, du pain de l'argent des haricots verts
FEMININE	de la de l' (+VOWEL SOUND) des	de la salade, de la limonade de l'eau des fraises

The Partitive Article in Negative Sentences

After NEGATIVE EXPRESSIONS, such as **ne ... pas, ne ... jamais,** and **ne ... plus** (no more), **du, de la, de l', des** become **de.**

du, de la, de l', des → de (d')

Ex.: **Je n'ai pas pris de tarte.** **Je ne bois jamais de café.**

Note: Use **pas de** in short answers: **Non, merci, pas de café pour moi.**

Discovering FRENCH Nouveau! BLANC

Unité 3, Leçon 11
VOCABULAIRE

Mots et expressions

VERBES RÉGULIERS

acheter (j'achète)	to buy
amener (j'amène)	to bring (someone)
envoyer (j'envoie)	to send
espérer (j'espère)	to hope
nettoyer (je nettoie)	to clean
payer (je paie)	to pay, pay for
préférer (je préfère)	to prefer

VERBES IRRÉGULIERS

boire	to drink

Discovering FRENCH Nouveau! BLANC

Unité 3, Leçon 12
VOCABULAIRE

Mots et expressions

LES QUANTITÉS

une boîte	box, can
une bouteille	bottle
une douzaine	dozen
un kilo	kilogram
un litre	liter
une livre	pound
un morceau	piece
un paquet	pack, package
un pot	jar
un sac	bag
une tranche	slice

EXPRESSIONS DE QUANTITÉ

assez de	enough
beaucoup de	much, many, a lot of
combien de	how much, how many
peu de	not much, not many
un peu de	a little, a little bit of
trop de	too much, too many
un(e) autre	another
d'autres	other
plusieurs	several
quelques	some, a few

EXPRESSIONS AVEC TOUT

tout/toute/tous/toutes	all
tout le/toute la	all the, the whole
tous les/toutes les	all (the), every
tout le monde	everybody, everyone
tout le temps	all the time

VERBES IRRÉGULIERS

il faut + INFINITIVE	one must, one has to, it is necessary

Copyright © McDougal Littell, a division of Houghton Mifflin Company. All rights reserved.

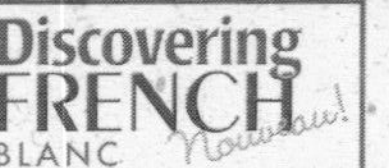

Discovering FRENCH BLANC Nouveau!

Unité 3, Leçon 12
LANGUE ET COMMUNICATION

Expressions of Quantity

Many expressions of quantity introduce nouns as follows:

EXPRESSION OF QUANTITY +	de +	NOUN
Nous buvons beaucoup	de	limonade.

The Adjective tout (all)

The adjective **tout (le)** agrees in gender and number with the noun it introduces.

	SINGULAR	PLURAL
MASCULINE	tout (le): tout le groupe	tous (les): tous les garçons
FEMININE	toute (la): toute la classe	toutes (les): toutes les filles

- **Tout le, toute la** can mean all the or the whole. **Tous les, toutes les** can mean all (the) or every. The definite article **(le, la, les)** may be replaced by a possessive or a demonstrative adjective: **J'ai invité tous <u>mes</u> copains.**
- **Tout** is used in several common expressions:
  - **tout le monde** everybody, everyone
  - **tout le temps** all the time
- **Tout** may be used alone with the meaning all, everything: **<u>Tout</u> est possible.**

The expression il faut

- To express a GENERAL OBLIGATION or NECESSITY, use the construction:

il faut + INFINITIVE

Ex.: **À l'école, <u>il faut étudier</u>.** — At school, <u>one has to study</u>.
Pour être heureux, <u>il faut avoir des amis</u>. — To be happy, <u>you (people, we) must have friends</u>.
Pour aller en Chine, <u>il faut avoir</u> un visa. — To go to China, <u>it is necessary to have</u> a visa.

- To express what one SHOULD NOT do, use **il ne faut pas** + INFINITIVE.
  Ex.: **<u>Il ne faut pas perdre</u> son temps.** — <u>You should not</u> waste your time.
- To express PURPOSE, use the construction **pour** + INFINITIVE.
  Ex.: **<u>Pour réussir</u>, il faut travailler.** — <u>(In order) to succeed</u>, you have to work.

Discovering FRENCH BLANC Nouveau!

Unité 3, Leçon 11
LANGUE ET COMMUNICATION

The Verb boire

je bois	nous buvons
tu bois	vous buvez
il/elle/on boit	ils/elles boivent

Note: The **passé composé** of **boire** is formed with **avoir: J'<u>ai bu</u> du jus.**

Verbs like acheter (to buy), préférer (to prefer), and payer (to pay)

Verbs like **acheter, préférer,** and **payer** have a stem change in the **je-, tu-, il-,** and **ils-** forms of the present tense.

acheter: stem changes from **e** to **è**	
j'achète	nous achetons
tu achètes	vous achetez
il/elle/on achète	ils/elles achètent

préférer: stem changes from **é** to **è**	
je préfère	nous préférons
tu préfères	vous préférez
il/elle/on préfère	ils/elles préfèrent

payer: stem changes from **y** to **i**	
je paie	nous payons
tu paies	vous payez
il/elle/on paie	ils/elles paient

The **passé composé** of these verbs is formed with **avoir,** and the past participles are:

acheter → acheté **préférer → préféré** **payer → payé**

Note: Amener (to bring someone) is conjugated like **acheter. Espérer** (to hope) is conjugated like **préférer. Envoyer** (to send) and **nettoyer** (to clean) are conjugated like **payer.**

Choosing Articles

USE	TO DESCRIBE	
the DEFINITE article **le, la, l', les**	a noun used in the GENERAL sense	**J'aime <u>le</u> gâteau.** (As a rule) I like cake.
	a SPECIFIC thing	**Voici <u>le</u> gâteau.** Here is the cake (I baked).
the INDEFINITE article **un, une, des**	one (or several) WHOLE items	**Voici un gâteau.** Here is a (whole) cake.
the PARTITIVE article **du, de la, de l', des**	SOME, A PORTION, or A CERTAIN AMOUNT of something	**Voici du gâteau.** Here is some (a serving, a piece of) cake.

The DEFINITE article is used with a noun that is the subject of the sentence. It is also used generally after **aimer** and **préférer.**

The PARTITIVE article may also be used with nouns other than foods. It is often (but not always) used after the following verbs and expressions: **voici, voilà, il y a, boire, manger, prendre, acheter, vendre, commander, avoir, vouloir**

Note: Depending on the context, however, the definite and indefinite articles may also be used with the above verbs.

Je commande <u>la glace</u>. — I am ordering <u>the ice cream (on the menu)</u>.
Je commande <u>une glace</u>. — I am ordering <u>an ice cream (= one serving)</u>.
Je commande <u>de la glace</u>. — I am ordering <u>(some) ice cream</u>.

Discovering FRENCH Nouveau! BLANC

Unité 4, Leçon 13
LE FRANÇAIS PRATIQUE

Pour communiquer

EXTENDING AN INVITATION	
Est-ce que tu es libre samedi?	Are you free Saturday?
Non, je suis occupé(e).	No, I'm busy.
ACCEPTING AN INVITATION	
D'accord!	OK. All right.
Oui, je veux bien.	Yes, I want to.
Volontiers!	Sure! I'd love to!
Avec plaisir!	With pleasure.
Bonne idée!	Good idea.
TURNING DOWN AN INVITATION	
Je regrette.	I'm sorry.
Je suis désolé(e).	I'm (very) sorry.
Je voudrais bien, mais ...	I'd like to, but ...
Je te remercie mais ...	I thank you, but ...
J'ai d'autre projets.	I have other plans.
Je n'ai pas le temps.	I don't have the time.

Mots et expressions

SPECTACLES	
une chanson	song
une comédie	comedy
une comédie musicale	musical
un dessin animé	cartoon
un drame psychologique	psychological drama
une équipe	team
une exposition	exhibit
un film	movie
un film d'aventures	action movie
un film d'horreur	horror movie
un film de science-fiction	science fiction movie
un film policier	detective movie
un groupe	group
un match	game
un orchestre	band, orchestra
une pièce de théâtre	play
PERSONNES	
un acteur, une actrice	actor (actress)
un chanteur, une chanteuse	singer
un joueur, une joueuse	player
AU CINÉMA	
un billet	ticket
un genre	type, kind
une place	seat
une séance	show, showing
une sorte	kind, sort
VERBES RÉGULIERS	
chercher	to get, to pick up; to look for
commencer	to begin
coûter	to cost
garder	to keep
laisser	to let, to leave
oublier	to forget
regretter	to be sorry
remercier	to thank
trouver	to find
EXPRESSIONS DE TEMPS	
une fois	once
deux fois	twice
trois fois	three times
par semaine	a week, per week
par mois	a month, per month
par an	a year, per year

Discovering FRENCH Nouveau! BLANC

Unité 4, Leçon 14
VOCABULAIRE

Mots et expressions

RAPPORTS ET SERVICES PERSONNELS	
apporter ... à	to bring ... to
donner ... à	to give ... to
montrer ... à	to show ... to
présenter ... à	to introduce ... to
prêter ... à	to lend, loan ... to
rendre ... à	to give back ... to
DES PRONOMS COMPLÉMENTS	
me	me, to me
te	you, to you
nous	us, to us
vous	you, to you

Unité 4, Leçon 14
LANGUE ET COMMUNICATION

The Object Pronouns: me, te, nous, vous

Forms

The object pronouns that correspond to **je, tu, nous,** and **vous** are:

je tu	me (m') te (t')	me, to me you, to you	Éric me parle. Anne t'écoute.
nous vous	nous vous	us, to us you, to you	Tu nous invites. Je vous écoute.

Note: Me and **te** become **m'** and **t'** before a vowel sound.

Position

The object pronouns come immediately before the verb.

Ex.: **Je te téléphone ce soir.** **Je ne te téléphone pas demain.**

The Pronouns me, te, nous, vous in Commands

- In AFFIRMATIVE commands, the object pronoun comes AFTER the verb and is attached to it with a hyphen. In affirmative commands **me** becomes **moi.**

  Ex.: **Téléphone-moi ce soir.** **Apportez-nous une pizza.**
- In NEGATIVE commands, the object pronoun comes BEFORE the verb.

  Ex.: **Ne me téléphone pas après onze heures.**

Object Pronouns with the Infinitive

In an infinitive construction, the object pronoun comes immediately BEFORE the infinitive.

SUBJECT AND VERB +	OBJECT PRONOUN +	INFINITIVE ...
Je vais	te	téléphoner demain.
Je ne peux pas	vous	inviter dimanche.

Discovering FRENCH Nouveau! BLANC

Unité 4, Leçon 15

VOCABULAIRE

Mots et expressions

COMPLÉMENTS D'OBJET DIRECT	
me	me
te	you
le (l')	him, it
la (l')	her, it
nous	us
vous	you
les	them
VERBES IRRÉGULIERS	
connaître	to know, to be familiar with

Discovering FRENCH Nouveau! BLANC

Unité 4, Leçon 16

VOCABULAIRE

Mots et expressions

ON LIT, ON DIT, ON ÉCRIT	
une bande dessinée	comic strip
une carte	card
une carte postale	postcard
une histoire	story, history
un journal (des journaux)	(news)paper, diary, journal
une lettre	letter
un magazine	magazine
un mail (mél)	e-mail
un mensonge	lie
un poème	poem
une revue	magazine
un roman	novel
la vérité	truth
VERBES RÉGULIERS	
raconter	to tell, narrate (a story)
VERBES IRRÉGULIERS	
savoir	to know
savoir + INFINITIVE	to know how to
dire	to tell, say
écrire	to write
lire	to read
VERBES SUIVIS D'UN COMPLÉMENT INDIRECT	
parler à	to speak, talk to
rendre visite à	to visit
répondre à	to answer
téléphoner à	to phone, call
VERBES SUIVIS DE DEUX COMPLÉMENTS	
acheter ... à ...	to buy ... for ...
demander ... à ...	to ask ... of ...
dire ... à ...	to say, tell ... to ...
donner ... à ...	to give ... to ...
écrire ... à ...	to write ... to ...
emprunter ... à ...	to borrow ... from ...
montrer ... à ...	to show ... to ...
prêter ... à ...	to lend, loan ... to ...
COMPLÉMENTS D'OBJET INDIRECT	
me	(to) me
te	(to) you
lui	(to) him, (to) her
nous	(to) us
vous	(to) you
leur	(to) them

Unité 4, Leçon 16

LANGUE ET COMMUNICATION

The Verbs dire (to say, tell), lire (to read) and écrire (to write)

dire	
je dis	nous disons
tu dis	vous dites
il/elle/on dit	ils/elles disent

lire	
je lis	nous lisons
tu lis	vous lisez
il/elle/on lit	ils/elles lisent

écrire	
j'écris	nous écrivons
tu écris	vous écrivez
il/elle/on écrit	ils/elles écrivent

The **passé composé** of **dire, lire,** and **écrire** is formed with **avoir.** Their past participles are:

dire → dit **lire → lu** **écrire → écrit**

The verb **décrire** (to describe) is conjugated like **écrire.**

Note: Que (qu') is often used after **dire** and similar verbs to introduce a clause.

In English, the equivalent that is often left out. In French, **que** must be used.

Ex.: **Pierre dit que le film est génial.** Pierre says (that) the movie is great.

The Indirect Object Pronouns: lui, leur

Forms

INDIRECT OBJECT PRONOUNS replace **à** + nouns representing PEOPLE.

	SINGULAR	PLURAL
MASCULINE / FEMININE	**lui** (to) him, (to) her	**leur** (to) them

Ex. **Je lui parle.** And: **Je leur parle.**

Continued on reverse

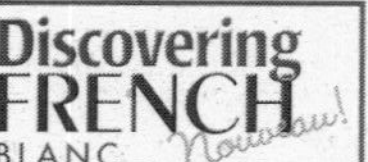

Unité 4, Leçon 16 (Continued)
LANGUE ET COMMUNICATION

Position

The position of **lui** and **leur** is the same as that of the other object pronouns.

PRESENT	IMPERATIVE	INFINITIVE	PASSÉ COMPOSÉ
Je lui parle. Je ne lui parle pas.	Parle-lui. Ne lui parle pas.	Je vais lui parler. Je ne vais pas lui parler.	Je lui ai parlé. Je ne lui ai pas parlé.

Note: In the **passé composé,** there is NO AGREEMENT with an indirect object.

Ex.: **Voici Nathalie. Je lui ai téléphoné.**

The Order of Pronouns

When the following object pronouns are used in the same sentence, the order is:

me **te** **nous** **vous**	before	**le** **la** **les**		**le** **la** **les**	before	**lui** **leur**

Ex.: **—Léa, tu me prêtes ton vélo?**

—Oui, je te le prête.

Ex.: **—Tu montres tes notes à ton copain?**

—Oui, je les lui montre.

The Verbs savoir and connaître

Savoir

savoir	
je sais tu sais il/elle/on sait	nous savons vous savez ils/elles savent

Savoir means to know in the sense of to know information or to know how. The construction **savoir** + INFINITIVE means to know how to do something.

Ex.: **Savez-vous faire la cuisine?** Do you know how to cook? (Can you cook?)

Some constructions used with **savoir:**

- **savoir** + que ... **Je sais que tu parles français.**
- **savoir** + si (if, whether) ... **Sais-tu si Paul a une moto?**
- **savoir** + INTERROGATIVE EXPRESSION ... **Je sais où tu habites.**
- **savoir** + INFINITIVE ... **Nous savons jouer aux jeux vidéo.**

Note: The **passé composé** of **savoir** is formed with **avoir.** Its past participle is **su.**

Connaître

Connaître means to know in the sense of to be acquainted with or to be familiar with.

Some constructions used with **connaître:**

- **connaître** + PEOPLE **Je connais Jacqueline.**
- **connaître** + PLACES **Marc connaît Lyon.**

Discovering FRENCH Nouveau! BLANC

Unité 4, Leçon 15
LANGUE ET COMMUNICATION

The Verb connaître (to know)

connaître	
je connais tu connais il/elle/on connaît	nous connaissons vous connaissez ils/elles connaissent

Connaître means to know in the sense of to be acquainted or familiar with. It is used primarily with PEOPLE and PLACES. The **passé composé** of **connaître** means to meet for the first time. It is formed with **avoir: J'ai connu Jean-Paul.**

The expression **faire la connaissance de** means to meet or to get to know.

The verb **reconnaître** (to recognize) is conjugated like **connaître.**

The Object Pronouns le, la, les

Forms

	SINGULAR			PLURAL	
MASCULINE	**le (l')** him, it	Je **le** connais.	Je **l'**aime.	**les** them	Je **les** invite.
FEMININE	**la (l')** her, it	Je **la** connais.	Je **l'**aime.		Je **les** invite.

Note: The direct object pronouns **le, la, l',** and **les** can refer to PEOPLE and THINGS. **Le** and **la** become **l'** before a vowel sound.

Position

- In general, the object pronouns **le, la, l',** and **les** come BEFORE the verb.

  Ex.: **—Qui connaît Éric?**

  —Je le connais. Tu ne le connais pas?

- In AFFIRMATIVE COMMANDS, the pronouns come AFTER the verb and are connected to it by a hyphen. In NEGATIVE COMMANDS, they come BEFORE the verb.

  Ex.: **—J'invite Sylvie?**

  —Oui, invite-la. Or: **—Non, ne l'invite pas.**

- In INFINITIVE constructions, the pronouns come BEFORE the infinitive.

  Ex.: **—Qui va regarder le film?**

  —Je vais le regarder.

- The verbs **attendre, chercher, écouter,** and **regarder** take direct objects.

Direct Object Pronouns in the passé composé

The direct object pronoun comes immediately before the verb **avoir.**

Ex.: **—Voici Paul.**

—Je l'ai invité. Or: **—Je ne l'ai pas invité.**

The past participle and DIRECT OBJECT AGREE if the direct object comes BEFORE the verb.

NO AGREEMENT (direct object follows the verb): **—Marc a vu Nicole et Sylvie?**

AGREEMENT (direct object comes before the verb): **—Oui, il les a vues.**

Pronunciation Note: When the past participle ends in **-é, -i,** or **-u,** the masculine and feminine forms SOUND THE SAME. When the past participle ends in **-s** or **-t,** the feminine forms SOUND DIFFERENT from the masculine forms.

Ex.: **mon vélo: Je l'ai pris.** **ma guitare: Je l'ai prise.**

Discovering FRENCH Nouveau! BLANC

Unité 5, Leçon 17
LE FRANÇAIS PRATIQUE

Pour communiquer

TALKING ABOUT ONE'S HEALTH	
Je suis en forme.	I am in shape.
Je suis en bonne santé.	I am in good health.
Je me sens bien.	I feel fine.
Ça va mieux.	I'm feeling better.
Qu'est-ce que tu as?	What's wrong? What's the matter?
Où est-ce que tu as mal?	Where does it hurt?

Mots et expressions

SPORTS INDIVIDUELS	
l'équitation	horseback riding
l'escalade	rock climbing
la gym(nastique)	gymnastics
le jogging	jogging
la marche à pied	hiking
la natation	swimming
le patin à roulettes	rollerskating
le patinage	skating
la planche à voile	windsurfing
le roller	in-line skating
le skate(board)	skateboarding
le ski nautique	waterskiing
le ski	skiing
le snowboard	snowboarding
le surf	surfboarding
le surf des neiges	snowboarding
le vélo	cycling
la voile	sailing
le VTT	mountain biking
LES PARTIES DU CORPS	
une bouche	mouth
un bras	arm
les cheveux (m.)	hair
un coeur	heart
un corps	body
un cou	neck
une dent	tooth
un doigt	finger
un dos	back
une épaule	shoulder
un estomac	stomach
la figure	face
un genou	knee
une jambe	leg
une main	hand
un nez	nose
un oeil (les yeux)	eye(s)
une oreille	ear
un pied	foot
une tête	head
un ventre	stomach
ADJECTIFS	
malade	sick
fatigué(e)	tired
sportif, sportive	athletic

VERBES RÉGULIERS	
lever (je lève)	to raise
plier	to bend
pratiquer	to practice
VERBES IRRÉGULIERS	
courir	to run
EXPRESSIONS AVEC AVOIR	
avoir mal	to be in pain
avoir mal à la tête	to have a headache
avoir mal au ventre	to have a stomachache
avoir mal au dos	to have a backache
avoir mal aux oreilles	to have an earache
avoir la grippe	to have the flu
avoir un rhume	to have a cold
EXPRESSIONS AVEC FAIRE	
faire du sport	to play sports
faire de la voile	to sail
faire de l'escalade	to do rock climbing
faire du ski	to ski
faire du vélo	to bike

Discovering FRENCH Nouveau! BLANC

Unité 5, Leçon 18
VOCABULAIRE

Mots et expressions

EXPRESSIONS WITH Y	
Vas-y!	Go on!; Go ahead!; Keep going!
On y va?	Should we go?; Are we going?
Allons-y!	Let's go!
EXPRESSIONS DE TEMPS	
de temps en temps	from time to time
ne ... presque jamais	almost never
parfois	occasionally
quelquefois	sometimes
rarement	seldom, rarely
souvent	often
POUR EXPRIMER SON OPINION	
à mon avis	in my opinion
selon moi	according to me
d'après moi	according to me
je pense que	I think (that)
je trouve que	I think (that)
je crois que	I believe (that)

Unité 5, Leçon 18
LANGUE ET COMMUNICATION

The Pronoun y (there)

The pronoun **y** is the equivalent of there. It replaces names of places introduced by PREPOSITIONS OF PLACE like **à, en, dans, chez,** etc. **Y** comes before the verb.

Ex.: **—Tu vas souvent <u>à la plage</u>?** **—Oui, j'<u>y</u> vais souvent en été.**

In negative sentences, the word order is as follows:

Ex.: **Je <u>n'y</u> vais <u>pas</u>.** **Je <u>n'y</u> suis <u>pas</u> allé.**

In affirmative commands, the word order is as follows: **Allons-y!**

Pronunciation Note: There is liaison between the verb and **y**.

The pronoun **y** may also replace **à** + NOUN designating a THING.

Ex.: **—Tu joues <u>au foot</u>?** **—Oui, j'<u>y</u> joue.**

The Pronoun en

Position

The pronoun **en** is the equivalent of some, any. **En** cannot be omitted.

Like other object pronouns, **en** comes BEFORE the verb in affirmative and negative sentences, but not in affirmative commands: **Parlons-en!**

Liaison is required after **en** when the verb begins with a vowel sound: **J'en ai.**

In negative sentences in the **passé composé, en** comes before the conjugated verb.

Ex.: **Je n'ai pas acheté <u>de pain</u>.** → **Je n'<u>en</u> ai pas acheté.**

With **il y a, en** comes between **y** and **a.**

Ex.: **—Est-ce qu'il y a des pommes?**
—Oui, il y en a. Or.: **—Non, il n'y en a pas.**

Usage of en

The pronoun **en** replaces:

- **du, de la, (de l'), des, de (d')** + NOUN
  - In affirmative sentences: **Je voudrais <u>de la limonade</u>.** → **J'<u>en</u> voudrais.**
  - In negative sentences: **Je ne veux pas <u>de fromage</u>.** → **Je n'<u>en</u> veux pas.**
  - In the **passé composé:** **On a acheté <u>des croissants</u>.** → **On <u>en</u> a acheté.**
- a noun introduced by **un** or **une: —Tu as <u>un baladeur</u>?** **—Oui, j'<u>en</u> ai <u>un</u>.**

  Note: Un and **une** are not used in negative sentences: **Non, je n'<u>en</u> ai pas.**
- a noun introduced by a NUMBER

  Ex.: **—Marc a <u>trois frères</u>. Et toi?** **—Moi, j'<u>en</u> ai <u>deux</u>.**
- **de** + NOUN after an expression of QUANTITY

  Ex.: **—Tu as <u>beaucoup d'amis</u>?** **—Oui, j'<u>en</u> ai <u>beaucoup</u>.**

The Verb croire (to believe)

croire	
je crois tu crois il/elle/on croit	nous croyons vous croyez ils/elles croient

Note: The **passé composé** of **croire** is formed with **avoir.** Its past participle is **cru.**

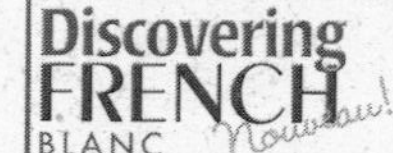

Unité 5, Leçon 17
LANGUE ET COMMUNICATION

The Verb courir (to run)

courir	
je cours tu cours il/elle/on court	nous courons vous courez ils/elles courent

Note: The **passé composé** of **courir** is formed with **avoir.** Its past participle is **couru.**

Ex.: **Hier, j'<u>ai couru</u> cinq kilomètres.**

The Construction avoir mal

To indicate where you have a pain or where you are sore, use the construction:

avoir mal + **au (à l')** / **à la (à l')** / **aux** + PART OF THE BODY

Ex.: **J'<u>ai mal au</u> ventre.**
Tu <u>as mal à la</u> tête.

Discovering FRENCH Nouveau! BLANC

Unité 5, Leçon 19
VOCABULAIRE

Mots et expressions

LA TOILETTE	
une brosse à cheveux	hairbrush
une brosse à dents	toothbrush
du dentifrice	toothpaste
un peigne	comb
un rasoir	razor
du rouge à levres	lipstick
du savon	soap
du shampooing	shampoo
ADJECTIFS	
pressé(e)	in a hurry, in a rush
prêt(e)	ready
VERBES RÉFLÉCHIS	
se brosser (les dents)	to brush (one's teeth)
se coucher	to go to bed
se dépêcher	to hurry
s'habiller	to get dressed
se laver (les cheveux)	to wash (one's hair)
se lever	to get up
se maquiller	to put on make-up
se peigner	to comb one's hair
se promener	to go for a walk
se raser	to shave
se reposer	to rest
se réveiller	to wake up
EXPRESSIONS DE TEMPS	
à toute vitesse	(very) quickly
ne ... pas encore	not yet
toujours	still, always
tout de suite	right away

Discovering FRENCH Nouveau! BLANC

Unité 5, Leçon 20
VOCABULAIRE

Mots et expressions

VERBES RÉFLÉCHIS	
s'amuser	to have fun
s'arrêter	to stop
se dépêcher	to hurry
s'excuser	to apologize
se souvenir (de)	to remember
PHRASES UTILES	
Assieds-toi.	Sit down.; Be seated.
Asseyez-vous.	Sit down.; Be seated.
Tais-toi.	Be quiet.
Taisez-vous.	Be quiet.

Discovering FRENCH BLANC Nouveau!

Unité 5, Leçon 20
LANGUE ET COMMUNICATION

The Imperative of Reflexive Verbs

- In AFFIRMATIVE commands, reflexive pronouns come AFTER the verb and are attached to it by a hyphen. Note that **te** becomes **toi.** (**Se reposer** means to rest.)

  Ex.: **Repose-toi!** **Reposons-nous!** **Reposez-vous!**
- In NEGATIVE commands, reflexive pronouns come BEFORE the verb.

  Ex.: **Ne te repose pas!** **Ne nous reposons pas!** **Ne vous reposez pas!**

Note: Se taire (to be quiet) and **s'asseoir** (to sit down) are often used in the imperative:

Tais-toi! **Taisez-vous!** **Assieds-toi!** **Asseyez-vous!**

The passé composé of Reflexive Verbs

The **passé composé** of reflexive verbs is formed as follows:

SUBJECT	+	REFLEXIVE PRONOUN	+	PRESENT OF **être**	+	PAST PARTICIPLE	=	**PASSÉ COMPOSÉ**

In general (but not always) the past participle of reflexive verbs agrees with the subject. The **passé composé** of the reflexive verb **se laver** is formed as follows:

	MASCULINE FORMS		FEMININE FORMS	
AFFIRMATIVE	je me suis	lavé	je me suis	lavée
	tu t'es	lavé	tu t'es	lavée
	il s'est	lavé	elle s'est	lavée
	nous nous sommes	lavés	nous nous sommes	lavées
	vous vous êtes	lavé(s)	vous vous êtes	lavée(s)
	ils se sont	lavés	elles se sont	lavées
NEGATIVE	je ne me suis pas	lavé	je ne me suis pas	lavée
INTERROGATIVE	tu t'es	lavé?	tu t'es	lavée?
	est-ce que tu t'es	lavé?	est-ce que tu t'es	lavée?

Note: There is no agreement in the construction REFLEXIVE VERB + PART OF BODY.

Ex.: **se laver** → **Véronique s'est lav<u>ée</u>.**

se laver les mains → **Elle s'est lav<u>é</u> les mains.**

The Infinitive of Reflexive Verbs

In an INFINITIVE construction, the reflexive pronoun comes immediately BEFORE the infinitive.

Ex.: **Je vais <u>me promener</u>.** **Nous n'allons pas <u>nous reposer</u>.**

Note: The reflexive pronoun always represents the subject.

Ex.: **<u>Tu</u> vas <u>te</u> promener.** **<u>Véronique</u> va <u>se</u> promener.**

Discovering FRENCH BLANC Nouveau!

Unité 5, Leçon 19
LANGUE ET COMMUNICATION

Usage of the Definite Article with Parts of the Body

Use the DEFINITE article **(le, la, l', or les)** to talk about parts of the body. Do not use possessive adjectives, as in English.

Ex.: **J'ai <u>les</u> cheveux bruns.**	I have brown hair. (<u>My</u> hair is brown.)
Lève <u>la</u> main.	Raise <u>your</u> hand.

Reflexive Verbs

Note the forms of the French reflexive verbs in the sentences below.

Je <u>me lève</u> à sept heures.	I <u>get up</u> at seven.
Tu <u>te laves</u>.	You <u>wash up</u>.
Nous <u>nous habillons</u>.	We <u>are getting dressed</u>.

REFLEXIVE VERBS are formed according to the following pattern:

REFLEXIVE PRONOUN	+	VERB	=	REFLEXIVE VERB

Reflexive pronouns represent the same person as the SUBJECT. They come immediately BEFORE the verb.

Ex.: **Éric <u>se</u> lave.**	Éric is washing (<u>himself</u>).
Nous <u>nous</u> habillons.	We are getting (<u>ourselves</u>) dressed.

INFINITIVE	**se laver**	
PRESENT	je me lave tu te laves il/elle/on se lave	nous nous lavons vous vous lavez ils/elles se lavent
NEGATIVE	je ne me lave pas	
INTERROGATIVE	Est-ce que tu te laves?	

Note: Me, te, and **se** become **m', t',** and **s'** before a vowel sound.

Ex.: **Je m'habille.**

The Construction je me lave les mains

To describe actions that the subject is performing on or for himself/herself, use the construction:

SUBJECT	+	REFLEXIVE VERB	+	DEFINITE ARTICLE	+	PART OF THE BODY
Je		me lave		les		cheveux.

Discovering FRENCH Nouveau! BLANC

Unité 6, Leçon 21
LE FRANÇAIS PRATIQUE

Mots et expressions

LA VILLE

la banlieue	suburbs
le centre-ville	downtown
un lotissement	subdivision
un quartier	district, neighborhood

LA RÉSIDENCE

un appartement	apartment
une cave	cellar
une chambre (à coucher)	(bed)room
une clé	key
un couloir	hall, corridor
une cuisine	kitchen
un escalier	staircase
les escaliers	stairs
un étage	floor
une fenêtre	window
un garage	garage
un grenier	attic
un immeuble	apartment building
un jardin	yard
un living	(informal) living room
un mur	wall
une pièce	room
un plafond	ceiling
une porte	door
le premier étage	second floor
le rez-de-chaussée	ground floor, first floor
une salle à manger	dining room
une salle de bains	bathroom
un salon	(formal) living room
le sol	floor
un sous-sol	basement
les toilettes	toilet
un toit	roof
les WC	toilet

LE MOBILIER ET L'ÉQUIPEMENT DE LA MAISON

un appareil	machine, appliance
une baignoire	bathtub
un bureau	desk
une chaise	chair
une cuisinière	stove, range
une douche	shower
une étagère	bookshelf
un évier	kitchen sink
un fauteuil	armchair
un four à micro-ondes	microwave
un four	oven
une glace	mirror
un grille-pain	toaster
une lampe	lamp
un lavabo	sink
un lave-vaisselle	dishwasher
un lit	bed
une machine à laver	washing machine
un meuble	piece of furniture
le mobilier	furniture
un placard	closet, cabinet
un réfrigérateur	refrigerator
un rideau (des rideaux)	curtain
un sofa	sofa, couch
une table	table
un tableau	painting
un tapis	rug, carpet

VERBES RÉGULIERS

allumer	to turn on
fermer	to turn off

VERBES IRRÉGULIERS

éteindre	to turn off
mettre	to turn on
ouvrir	to open
couvrir	to cover
découvrir	to discover

ADJECTIFS

ancien(ne)	old

Discovering FRENCH Nouveau! BLANC

Unité 6, Leçon 22
VOCABULAIRE

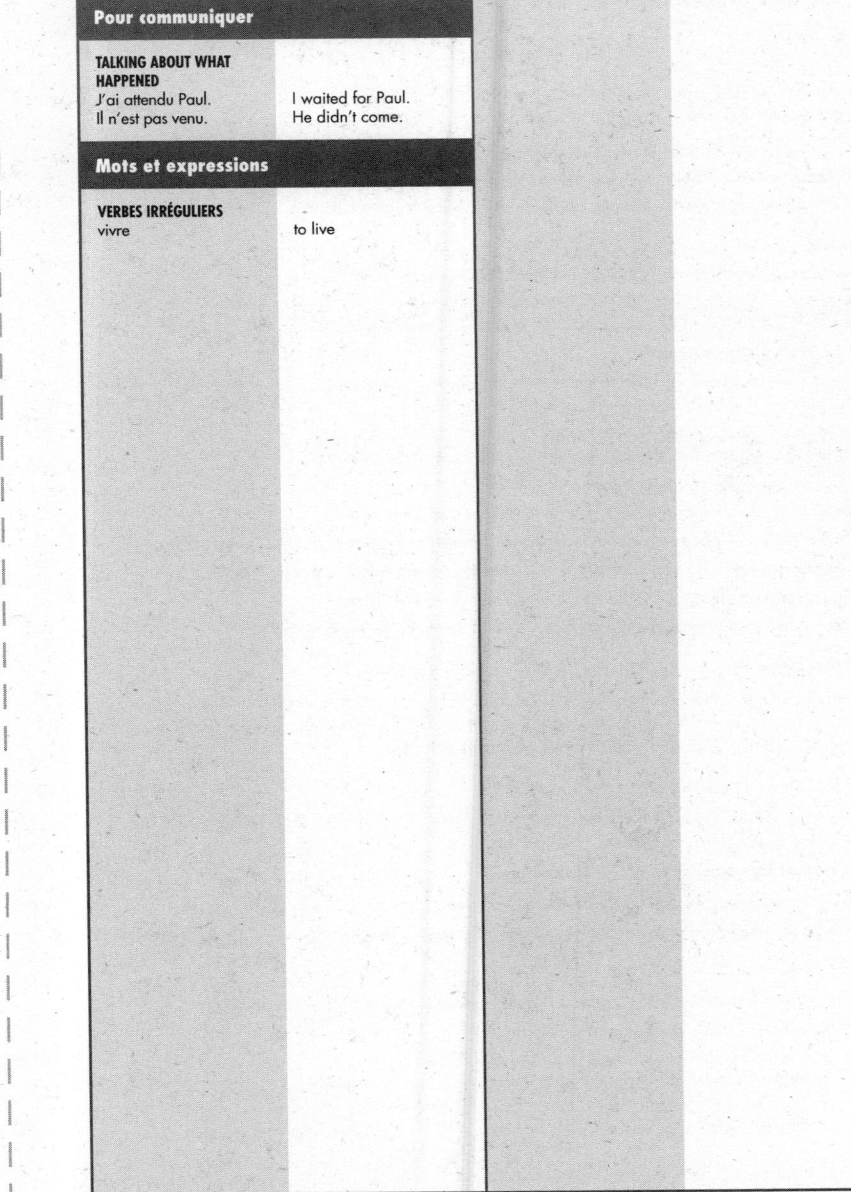

Pour communiquer

TALKING ABOUT WHAT HAPPENED

J'ai attendu Paul.	I waited for Paul.
Il n'est pas venu.	He didn't come.

Mots et expressions

VERBES IRRÉGULIERS

vivre	to live

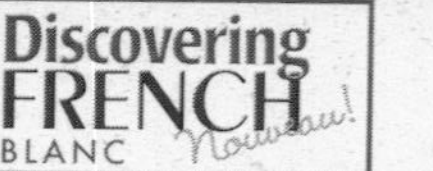

Discovering FRENCH BLANC Nouveau!

Unité 6, Leçon 22
LANGUE ET COMMUNICATION

The Verb vivre (to live)

vivre	
je vis tu vis il/elle/on vit	nous vivons vous vivez ils/elles vivent

Note: The **passé composé** of **vivre** is formed with **avoir.** Its past participle is **vécu.** Both **vivre** and **habiter** mean to live, but **habiter** is used only in the sense of to live in a place.

Ex.: **Alice vit à Paris. Elle vit bien.** But.: **Alice habite à Paris.**

Review of the passé composé

- The **passé composé** of most verbs is formed with **avoir** as follows:

PRESENT OF **avoir** + PAST PARTICIPLE = **PASSÉ COMPOSÉ**

Ex.: **J'ai visité le Canada.**

- The **passé composé** of several verbs of motion (going, coming, staying) is formed with **être.** The past participles of these verbs agree with the subject.

PRESENT OF **être** + PAST PARTICIPLE = **PASSÉ COMPOSÉ**

Ex.: **Je suis allé(e) au Québec.**

Note: Common verbs of motion and their past participles:

aller (allé) **passer (passé)** **monter (monté)** **partir (parti)** **venir (venu)**
entrer (entré) **rester (resté)** **descendre (descendu)** **sortir (sorti)**

- The **passé composé** of all REFLEXIVE verbs is formed with **être.**

Ex.: **Alice s'est promenée en ville.** **Paul et Marc se sont reposés.**

The Relative Pronoun qui

RELATIVE PRONOUNS are used to CONNECT, or RELATE, sentences to one another. The relative pronoun **qui** (who, that, which) may refer to PEOPLE or THINGS. It is the SUBJECT of the verb that follows it: **J'ai des copines qui habitent à Paris.**

The Relative Pronoun que

The relative pronoun **que** (whom, that, which) may refer to PEOPLE or THINGS. It is the DIRECT OBJECT of the verb that follows it.

Ex.: **J'ai des voisins que j'invite souvent.**

Note: The pronoun **que** cannot be omitted.

- **Que** becomes **qu'** before a vowel sound: **Alice regarde le magazine qu'elle a acheté.**

Qui or que

The choice between **qui** and **que** is determined by their function in the sentence:

qui is the SUBJECT of the verb that follows it
que is the DIRECT OBJECT of the verb that follows it

SUBJECT (of clause)	DIRECT OBJECT (of **je connais**)
Alice est une fille qui a beaucoup d'humour.	C'est une fille que je connais bien.
Paris est une ville qui a de beaux monuments.	C'est une ville que je connais bien.

Discovering FRENCH BLANC Nouveau!

Unité 6, Leçon 21
LANGUE ET COMMUNICATION

The Verb ouvrir (to open)

ouvrir	
j'ouvre tu ouvres il/elle/on ouvre	nous ouvrons vous ouvrez ils/elles ouvrent

Note: The **passé composé** of **ouvrir** is formed with **avoir.** Its past participle is **ouvert.**

Ex.: **J'ai ouvert la fenêtre.**

Discovering FRENCH Nouveau! BLANC

Unité 6, Leçon 23
VOCABULAIRE

Pour communiquer

TALKING ABOUT HABITUAL PAST ACTIONS	
Tous les jours j'allais à l'école.	Every day I went to school.
Je prenais le métro.	I used to take the subway.

Mots et expressions

EXPRESSIONS UTILES:	
ÉVÉNEMENTS HABITUELS	
le soir	in the evening
tous les soirs	every evening
le mardi	on Tuesdays
tous les mardis	every Tuesday
chaque jour	every day
tous les jours	every day
autrefois	in the past
parfois	sometimes
d'habitude	usually
habituellement	usually
ÉVÉNEMENTS SPÉCIFIQUES	
un soir	one evening
mardi	Tuesday
un mardi	one Tuesday
un jour	one day
le 4 mai	on May 4
une fois	once
deux fois	twice
plusieurs fois	several times

Unité 6, Leçon 23
LANGUE ET COMMUNICATION

Formation of the Imperfect (l'imparfait)

For all verbs (except **être**) the imperfect is formed as follows:

IMPERFECT STEM (PRESENT OF **nous**-FORM MINUS **-ons**) + IMPERFECT ENDINGS = IMPERFECT

INFINITIVE			STEM +	IMPERFECT ENDINGS	
parler:	parlons	→	parl-	-ais	-ions
finir:	finissons	→	finiss-	-ais	-iez
vendre:	vendons	→	vend-	-ait	-aient

parler	
je parlais	nous parlions
tu parlais	vous parliez
il/elle/on parlait	ils/elles parlaient

finir	
je finissais	nous finissions
tu finissais	vous finissiez
il/elle/on finissait	ils/elles finissaient

vendre	
je vendais	nous vendions
tu vendais	vous vendiez
il/elle/on vendait	ils/elles vendaient

Note: The interrogative and negative are formed like the present:

Ex.: **—Est-ce que tu parlais? / Parlais-tu?**

—Non, je ne parlais pas.

Continued on reverse

Discovering FRENCH Nouveau! BLANC

Unité 6, Leçon 24
VOCABULAIRE

Pour communiquer

TALKING ABOUT AN ACCIDENT	
Qu'est-ce qui est arrivé?	What happened?
Un accident a eu lieu.	An accident took place.
TALKING ABOUT WHAT HAPPENED	
J'ai attendu Paul.	I waited for Paul.
Il n'est pas venu.	He didn't come.
TALKING ABOUT HABITUAL PAST ACTIONS	
Tous les jours j'allais à l'école.	Every day I went to school.
Je prenais le métro.	I used to take the subway.
DESCRIBING A PAST SCENE	
Il faisait beau.	It was beautiful weather.
Il y avait un joli jardin.	There was a pretty garden.
Les gens dansaient.	The people were dancing.

Mots et expressions

PERSONNES	
un conducteur, une conductrice	driver
un témoin	witness
LA VILLE	
un panneau	(traffic) sign
VERBES RÉGULIERS	
heurter	to run into, to crash into
traverser	to cross

Unité 6, Leçon 24
LANGUE ET COMMUNICATION

Usage of the Imperfect: Circumstances of an Event

Passé composé

The **PASSÉ COMPOSÉ** is used to describe a well-defined action, completed at a specific point in time.

Hier, Pauline a vu un accident.	Yesterday Pauline saw an accident.
Une ambulance est arrivée.	An ambulance arrived.

Imperfect

The IMPERFECT is used to describe conditions and circumstances that form the background of another past action.

- TIME AND WEATHER

Il était deux heures.	It was two (o'clock).
La visibilité était mauvaise.	The visibility was poor.
Il neigeait.	It was snowing.

- OUTWARD APPEARANCE, PHYSICAL, MENTAL, OR EMOTIONAL STATE

Le conducteur était un homme jeune.	The driver was a young man.
Il portait un manteau gris.	He was wearing a gray coat.
Il n'était pas prudent.	He was not careful.

- EXTERNAL CIRCUMSTANCES

Il n'y avait pas d'autres passagers.	There were no other passengers.
La voiture allait vite.	The car was going fast.

- OTHER ACTIONS IN PROGRESS

Pauline allait en ville.	Pauline was going downtown.
Sa copine l'attendait.	Her friend was waiting for her.

Review: Usage of the Imperfect and the passé composé

To talk about the past, use both the IMPERFECT and the **PASSÉ COMPOSÉ.** The choice of tense reflects the type of actions or events that is being described.

IMPERFECT	PASSÉ COMPOSÉ
HABITUAL OR REPEATED ACTIONS Le samedi soir, nous allions au cinéma.	SPECIFIC AND ISOLATED ACTIONS Samedi dernier, nous sommes allés au concert.
PROGRESSIVE ACTIONS J'allais en ville …	ACTIONS THAT TAKE PLACE AT A GIVEN TIME OR FOR A GIVEN PERIOD … quand j'ai rencontré ma cousine.
CIRCUMSTANCES OF A MAIN EVENT Il pleuvait.	MAIN EVENT Nous sommes allés dans un café.

Unité 6, Leçon 23 (Continued)
LANGUE ET COMMUNICATION

Stems of some other verbs:

acheter	→	achet-	lire	→	lis-
boire	→	buv-	manger	→	mang(e)-
dormir	→	dorm-	prendre	→	pren-
écrire	→	écriv-	sortir	→	sort-
faire	→	fais-	voir	→	voy-

Note: Manger has different forms for **nous** and **vous.** Their stems do not have the final **-e: nous mangions / vous mangiez.**

The imperfect forms of some common expressions:

il y a → il y avait **il neige → il neigeait** **il pleut → il pleuvait**

The Imperfect of the Verb être

The imperfect of **être** has an irregular stem **ét-.** The endings are regular.

j'étais	I was	nous étions	we were
tu étais	you were	vous étiez	you were
il/elle/on était	he/she/one was	ils/elles étaient	they were

Note: The imperfect of **être** is used to tell where people were or how they were feeling.

Ex.: **J'étais chez moi.** I was at home.

Usage of the Imperfect: Habitual Events

The IMPERFECT is used to describe habitual actions and conditions that existed in the past. It describes what people USED TO DO, what USED TO BE.

Ex.: **Quand j'étais jeune,**	When I was young,
nous habitions à la campagne.	we lived (used to live) in the country.
J'allais souvent à la pêche.	I often used to go (would go) fishing.

The **PASSÉ COMPOSÉ** is used to describe specific past events. It describes what people DID, what TOOK PLACE, what HAPPENED.

Ma mère a acheté une voiture.	My mother bought a car.
Hier, nous sommes allés en ville.	Yesterday we went downtown.

Usage of the Imperfect: Progressive Actions

- The IMPERFECT is used to describe actions that were in progress at a certain point in time. It describes WHAT WAS GOING ON, what people WERE DOING.
  Ex.: **À sept heures, je faisais mes devoirs.** At seven, I was doing my homework.
- The imperfect is used to express the English construction was/were + … ing.
- The **PASSÉ COMPOSÉ** is used to describe specific actions that occurred at a specific time. It describes what TOOK PLACE, what people DID.
  Ex.: **À sept heures, quelqu'un a téléphoné.** At seven, someone phoned.

Unité 7, Leçon 25
LE FRANÇAIS PRATIQUE

Pour communiquer

BUYING CLOTHES

Ce manteau vous va?	Does this coat fit you?
Il me va bien.	It fits me well.
Il me plaît.	I like it.
Ces bottes vous vont?	Do these boots fit you?
Elles ne me vont pas.	They don't fit.
Elles ne me plaisent pas.	I don't like them.

Mots et expressions

L'ACHAT DES VÊTEMENTS	
une boutique	boutique
une boutique de soldes	discount shop
un catalogue	catalog
la couleur	color
un grand magasin	department store
un magasin	store
la pointure	(shoe) size
un rayon	department (in a store)
la taille	(clothing) size
LES VÊTEMENTS	
un accessoire	accessory
des baskets (m.)	high tops
un blazer	blazer
un blouson	jacket
des bottes (f.)	boots
une casquette	cap
une ceinture	belt
un chapeau	hat
une chaussette	sock
des chaussures (f.)	shoes
une chemise	long-sleeved shirt
un chemisier	blouse
des collants (m.)	tights, pantyhose
un costume	suit
une cravate	tie
un foulard	scarf
des gants (m.)	gloves
un imper(méable)	raincoat
un jean	pair of jeans
une jupe	skirt
des lunettes de soleil (f.)	sunglasses
un maillot de bain	bathing suit
un manteau	coat
un pantalon	pair of pants
un parapluie	umbrella
un polo	polo shirt
un portefeuille	wallet
un pull	sweater
une robe	dress
un sac	handbag, pocketbook
des sandales (f.)	sandals
un short	pair of shorts
un survêtement	jogging, track suit
un sweat	sweatshirt
un tailleur	suit
un tee-shirt	t-shirt
des tennis (m.)	sneakers, running shoes
une veste	jacket
un vêtement	item of clothing
LES BIJOUX	
une bague	ring
un bijou	piece of jewelry
des boucles d'oreilles (f.)	earrings
un bracelet	bracelet
une chaîne	chain
un collier	necklace
une médaille	medal
LES TISSUS ET LES AUTRES MATIÈRES	
l'argent (m.)	silver
le caoutchouc	rubber
le coton	cotton
le cuir	leather
la fourrure	fur
la laine	wool
la matière	material
le nylon	nylon
l'or (m.)	gold
le plastique	plastic
le polyester	polyester
la soie	silk
le tissu	fabric
la toile	linen, canvas
le velours	velvet
le velours côtelé	corduroy
LES COULEURS	
blanc (blanche)	white
beige	tan, beige
bleu(e)	blue
bleu clair	light blue
bleu foncé	dark blue
gris(e)	gray
jaune	yellow
marron	brown
noir(e)	black
orange	orange
rose	pink
rouge	red
vert(e)	green
violet(te)	purple

Continued on reverse

Unité 7, Leçon 26
VOCABULAIRE

Mots et expressions

ADJECTIFS IRRÉGULIERS	
beau (bel, belle; beaux, belles)	beautiful
nouveau (nouvel, nouvelle; nouveaux, nouvelles)	new
vieux (vieil, vieille; vieux, vieilles)	old
QUELQUES ADVERBES	
calmement	calmly
sérieusement	seriously
élégamment	elegantly
patiemment	patiently
LES NOMBRES DE 100 À 1 000 000	
cent	100
cent un	101
cent dix	110
deux cents	200
deux cent cinquante	250
neuf cents	900
mille	1 000
deux mille	2 000
cinq mille	5 000
dix mille	10 000
cent mille	100 000
un million	1 000 000
NOMBRES ORDINAUX	
premier (première)	first
deuxième	second
troisième	third
cinquième	fifth
neuvième	ninth
centième	(one) hundredth
ADVERBES NUMÉRAUX	
premièrement	first
deuxièmement	second
cinquièmement	fifth

Unité 7, Leçon 26
LANGUE ET COMMUNICATION

Ordinal Numbers

ORDINAL NUMBERS (first, second, third, fourth, etc.) are used to indicate rank or order. They are formed as follows:

NUMBER (MINUS **-e**, IF ANY) + **-ième** = ORDINAL NUMBER

deux → deuxième **onze → onzième** **cent → centième**

Note: There are some exceptions: **un(e) → premier (première)** **cinq → cinquième** **neuf → neuvième**

Review: Irregular Adjectives

Many irregular adjectives have endings that follow predictable patterns.

- Irregular FEMININE endings:

-on (bon)	-onne (bonne)	-er (cher)	-ère (chère)
-ien (canadien)	-ienne (canadienne)	-eux (généreux)	-euse (généreuse)
-el (naturel)	-elle (naturelle)	-f (attentif)	-ve (attentive)
-et (discret)	-ète (discrète)		

- Irregular MASCULINE PLURAL ending: **-al (normal)** **-aux (normaux)**

Continued on reverse

Unité 7, Leçon 26 (Continued)
LANGUE ET COMMUNICATION

The Adjectives beau, nouveau, vieux

The adjectives **beau** (beautiful, pretty, good-looking), **nouveau** (new), and **vieux** (old) are irregular and they usually come BEFORE the noun.

Des becomes **de** before a plural adjective: **Ce sont de vieilles sandales.**

SINGULAR			
MASCULINE	le **beau** costume	le **nouveau** costume	le **vieux** costume
(BEFORE VOWEL)	le **bel** imper	le **nouvel** imper	le **vieil** imper
FEMININE	la **belle** veste	la **nouvelle** veste	la **vieille** veste

PLURAL			
MASCULINE	les **beaux** costumes	les **nouveaux** costumes	les **vieux** costumes
(BEFORE VOWEL)	les **beaux** impers	les **nouveaux** impers	les **vieux** impers
FEMININE	les **belles** vestes	les **nouvelles** vestes	les **vieilles** vestes

Note: In French, there are two adjectives that correspond to the English new: **nouveau** and **neuf. Nouveau** usually preceeds the noun, while **neuf** follows it.

Ex.: **nouveau (nouvelle)** new (to the owner) **Ils ont une nouvelle voiture.**
neuf (neuve) brand-new **Ce n'est pas une voiture neuve.**

Adverbs that End in -ment

To tell HOW we do certain things, we use ADVERBS OF MANNER many of which end in **-ment.** They are formed as follows:

		FEMININE FORM OF THE ADJECTIVE	+	ment	=	ADVERB OF MANNER
normal	→	normale				normalement
calme	→	calme				calmement
sérieux	→	sérieuse	+	ment	=	sérieusement
actif	→	active				activement
naturel	→	naturelle				naturellement

When the adjective ends in **-i** or **-é,** the adverb is derived from the masculine form.

Ex.: **poli → poliment** **spontané** (spontaneous) → **spontanément**

Adverbs based on ordinal numbers follow the regular pattern.

Ex.: **premier** **première → premièrement** (first) **deuxième → deuxièmement**

Adjectives ending in **-ant** and **-ent:**

Ex.: **-ant → -amment** **élégant → élégamment**
-ent → -emment **patient → patiemment**

Unité 7, Leçon 25 (Continued)
LE FRANÇAIS PRATIQUE

Mots et expressions (Continued)

LE DESSIN	**PATTERN, DESIGN**
à carreaux	checked
à fleurs	floral
à pois	dotted, polka-dotted
à rayures	striped
uni	solid
ADJECTIFS DESCRIPTIFS	
affreux, affreuse	awful
bon marché	inexpensive, cheap
cher, chère	expensive
court(e)	short
élégant(e)	elegant
étroit(e)	tight
grand(e)	big
large	wide, baggy
long(ue)	long
moche	ugly
petit(e)	small
ridicule	ridiculous
trop cher, trop chère	too expensive
VERBES RÉGULIERS	
décider	to decide
essayer (j'essaie)	to try on
porter	to wear
porter du [38]	to wear size [38]
réfléchir	to think it over
VERBES IRRÉGULIERS	
faire du [40]	to wear size [40]
mettre	to put on, to wear
EXPRESSIONS UTILES	
à la mode	in fashion
en solde	on sale
quelque chose d'autre	something else

Discovering FRENCH Nouveau! BLANC

Unité 7, Leçon 27
VOCABULAIRE

Mots et expressions

ADJECTIFS DESCRIPTIFS	
bon marché	inexpensive, cheap
chaud(e)	warm, hot
cher, chère	expensive
difficile	difficult
facile	easy
faible	weak
fort(e)	strong
froid(e)	cold
gentil(le)	nice
inutile	useless
léger, légère	light
lent(e)	slow
lourd(e)	heavy
méchant(e)	mean, nasty
meilleur marché	cheaper
rapide	fast
utile	useful
QUELQUES ADVERBES	
tôt	early
tard	late
vite	fast, quickly
lentement	slowly
longtemps	(for) a long time
LE COMPARATIF DES ADJECTIFS / ADVERBES	
plus … que	more … than
moins … que	less … than
aussi … que	as … as
meilleur(e)	better (adjective)
mieux	better (adverb)
LE SUPERLATIF DES ADJECTIFS	
le / la / les plus …	the most …
le / la / les moins …	the least …
le / la / les meilleur(e)(s) …	the best …

Discovering FRENCH Nouveau! BLANC

Unité 7, Leçon 28
VOCABULAIRE

Mots et expressions

EXPRESSIONS UTILES	
lequel / laquelle	which one
lesquels / lesquelles	which ones
celui / celle	this one
ceux / celles	these

The Interrogative Pronoun lequel (which one)

The interrogative pronoun **lequel** agrees with the noun it replaces, and it is formed as follows:

DEFINITE ARTICLE	+	INTERROGATIVE ADJECTIVE
le	+	quel

Lequel consists of two parts, both of which agree with the noun it replaces.

	SINGULAR	PLURAL
MASCULINE	lequel?	lesquels?
FEMININE	laquelle?	lesquelles?

Ex.: **Voici plusieurs chaussures. Lesquelles voulez-vous essayer?**

The Demonstrative Pronoun celui (the one)

Forms

The demonstrative pronoun **celui** agrees with the noun it replaces. It has the following forms:

	SINGULAR	PLURAL
MASCULINE	celui	ceux
FEMININE	celle	celles

Ex.: **—Tu aimes ce pantalon?**
—Non, je préfère celui-ci.

Uses

The pronoun **celui** cannot stand alone. It is used in the following constructions:

- **celui-ci** and **celui-là:**
  Celui-ci usually means this one (or these, in the plural).
  Celui-là usually means that one (or those, in the plural).
  Ex.: **Quelle veste préfères-tu? Celle-ci ou celle-là?**
- **celui de** + NOUN:
  This construction is used to express ownership or relationship.
  —Est-ce que c'est ton parapluie? —Is it your umbrella?
  —Non, c'est celui de ma soeur. —No, it's my sister's (umbrella).
  [= the one belonging to my sister]
- **celui qui** and **celui que:**
  Usually **celui qui** and **celui que** mean the one(s) that or the one(s) who/whom.
  —Tu aimes cette veste?
  —Je préfère celle qui est en solde.
  Or:
  —Je préfère celle que je porte.
  —Qui est cette fille?
  —C'est celle qui parle espagnol.
  Or:
  —C'est celle que je vais inviter à la boum.

Comparing Adjectives

Comparisons with adjectives are expressed according to the following pattern:

+ plus		**plus cher (que)**	more expensive (than)
– moins	ADJECTIVE (+ **que** ...)	**moins cher (que)**	less expensive (than)
= aussi		**aussi cher (que)**	as expensive (as)

Ex.: **La veste est plus chère que le pull.**

Stress pronouns are used after **que: Paul est plus grand que toi.**

The comparative of **bon/bonne** (good) is **meilleur/meilleure** (better).

Ex.: **La tarte aux pommes est bonne.** **La tarte aux poires est meilleure.**

Comparing Adverbs

- Comparisons with adverbs follow the same pattern as comparisons with adjectives.

Je fais du jogging	**plus** / **moins** / **aussi**	**souvent que** toi.	I jog	more / less / as	often	than / than / as	you.

The comparative of **bien** (well) is **mieux** (better). Contrast the use of **meilleur(e)** and **mieux** in the following sentences:

Je suis bon en français. I am good in French.
Je suis meilleur que toi. I am better than you.
Je parle bien. I speak well.
Je parle mieux que toi. I speak better than you.

The Superlative of Adjectives

In a superlative construction, one or several people or things are compared to the rest of the group. Superlative constructions are formed as follows:

le/la/les	plus / moins	ADJECTIVE	le/la/les plus moderne(s)	the most modern
			le/la/les moins moderne(s)	the least modern

Ex.: **Anne est la fille la plus gentille de la classe.** Anne is the nicest girl in the class.

The position of the superlative adjective (BEFORE or AFTER the noun) is usually the same as the simple adjective.

Ex.: **Voici une fille intelligente.** **C'est la fille la plus intelligente de la classe.**
Voici une jolie boutique. **C'est la plus jolie boutique de la ville.**

Note: If the superlative adjective comes AFTER the noun, the definite article **le, la, les** is used twice: both BEFORE and AFTER the noun.

Ex.: **C'est la ville la plus moderne du pays.**

Note: After a superlative construction, French uses **de** whereas English uses **in.**

Ex.: **C'est la boutique la plus chère de la ville.** It's the most expensive shop in the city.

The superlative of **bon/bonne** is **le meilleur/la meilleure** (the best).

Ex.: **Qui est le meilleur athlète du lycée?** Who is the best athlete in the school?

Discovering FRENCH BLANC Nouveau!

Unité 8, Leçon 29
LE FRANÇAIS PRATIQUE

Mots et expressions

À LA GARE ET À L'AÉROPORT	
un aller et retour	round trip [ticket]
un aller simple	one way [ticket]
un billet d'avion	plane ticket
un billet de train	train ticket
un horaire	schedule
en première classe	(in) first class
en seconde classe	(in) second class
PAYS ET CONTINENTS	
l'Afrique (f.)	Africa
l'Allemagne (f.)	Germany
l'Amérique Centrale (f.)	Central America
l'Amérique du Nord (f.)	North America
l'Amérique du Sud (f.)	South America
l'Angleterre (f.)	England
l'Argentine (f.)	Argentina
l'Asie (f.)	Asia
l'Australie (f.)	Australia
la Belgique	Belgium
le Brésil	Brazil
le Cambodge	Cambodia
le Canada	Canada
la Chine	China
la Corée	Korea
l'Égypte (f.)	Egypt
l'Espagne (f.)	Spain
l'Europe (f.)	Europe
la France	France
le Guatemala	Guatemala
l'Inde (f.)	India
l'Irlande (f.)	Ireland
Israël (m.)	Israel
l'Italie (f.)	Italy
le Japon	Japan
le Liban	Lebanon
le Mexique	Mexico
le Moyen Orient	Middle East
le Portugal	Portugal
la Russie	Russia
le Sénégal	Senegal
la Suisse	Switzerland
le Viêt-Nam	Vietnam
les États-Unis (m.)	United States
LES VACANCES ET LES VOYAGES	
une caravane	camping trailer
une carte	map
un continent	continent
un état	state
la mer	ocean, sea
la montagne	mountains
un passeport	passport
un pays	country
une région	region
un sac à dos	backpack
une valise	suitcase
une villa	country house
un visa	visa
ÉQUIPEMENT DE CAMPING	
une casserole	pot
une couverture	blanket
une lampe de poche	flashlight
une poêle	pan
un réchaud	camping stove
un sac de couchage	sleeping bag
une tente	tent
LES POINTS CARDINAUX	**COMPASS POINTS**
l'est (m.)	east
l'ouest (m.)	west
le nord	north
le sud	south
le nord-est	northeast
le nord-ouest	northwest
le sud-est	southeast
le sud-ouest	southwest
VERBES RÉGULIERS	
loger	to stay (have a room)
louer	to rent
passer	to spend (time)
transporter	to carry
utiliser	to use
VERBES IRRÉGULIERS	
faire un séjour	to spend some time
faire ses valises	to pack
faire un voyage	to take a trip
EXPRESSIONS UTILES	
à l'étranger	abroad
prêt à	ready to

Discovering FRENCH BLANC Nouveau!

Unité 8, Leçon 30
VOCABULAIRE

Pour communiquer

TALKING ABOUT COUNTRIES	
Je visite la France (le Canada, les États-Unis).	I visit France (Canada, the United States).
Il habite en France (au Canada, aux États-Unis).	He lives in France (Canada, the United States).
Elle vient de France (du Canada, des États-Unis).	She comes from France (Canada, the United States).

Mots et expressions

VERBES IRRÉGULIERS	
apercevoir	to see, catch sight of
recevoir	to get, receive; to entertain people
VERBE + À + INFINITIF	
apprendre à	to learn (how) to
commencer à	to begin to
continuer à	to continue, to go on
hésiter à	to hesitate, be hesitant about
réussir à	to succeed in, manage
VERBE + DE + INFINITIF	
accepter de	to accept, agree to
arrêter de	to stop
cesser de	to stop, quit
décider de	to decide to
essayer de	to try to
finir de	to finish
oublier de	to forget
refuser de	to refuse to
rêver de	to dream about

Usage of Prepositions with Names of Countries

	FEMININE COUNTRY	MASCULINE COUNTRY	PLURAL COUNTRY
	Je visite la France.	Je visite le Canada.	Je visite les États-Unis.
in	Je suis en France.	Je suis au Canada.	Je suis aux États-Unis.
to	Je vais en France.	Je vais au Canada.	Je vais aux États-Unis.
from	Je viens de France.	Je viens du Canada.	Je viens des États-Unis.

Note: En and **d'** are used with MASCULINE countries beginning with a VOWEL sound.

Ex.: **J'habite en Haïti. / Je reviens d'Uruguay.**

The Verbs recevoir and apercevoir

recevoir (to get, to receive; to entertain people)

je reçois	nous recevons
tu reçois	vous recevez
il/elle/on reçoit	ils/elles reçoivent

Note: The **passé composé** of **recevoir** is formed with **avoir,** and its past participle is **reçu.**

Ex.: **J'ai reçu ton mél hier.**

apercevoir (to see, to catch sight of)

j'aperçois	nous apercevons
tu aperçois	vous apercevez
il/elle/on aperçoit	ils/elles aperçoivent

Note: The **passé composé** of **apercevoir** is formed with **avoir,** and its past participle is **aperçu.**

Ex.: **Hier, je t'ai aperçu au centre commercial.**

The Construction Verb + Infinitive

When verbs are used together with an infinitive, follow one of these three patterns:

VERB + INFINITIVE	VERB + **à** + INFINITIVE	VERB + **de** + INFINITIVE
Je dois travailler.	Je commence à travailler.	Je finis de travailler.
Je veux danser.	J'apprends à danser.	Je décide de danser.
Je n'aime pas nager.	J'hésite à nager.	Je refuse de nager.

Note: The choice of the pattern depends on the first verb.

Discovering FRENCH Nouveau! BLANC

Unité 8, Leçon 31
VOCABULAIRE

Pour communiquer

TALKING ABOUT WHAT ONE WILL DO

Je voyagerai en Italie.	I will travel to Italy.
Tu finiras ta leçon.	You will finish your lesson.
Ils vendront leur maison.	They will sell their house.

Mots et expressions

FUTURS IRRÉGULIERS

aller	to go
apercevoir	to see, to catch sight of
avoir	to have
devenir	to become
devoir	to have to
envoyer	to send
être	to be
faire	to do, to make
pouvoir	to be able
recevoir	to get, to receive; to entertain people
revenir	to come back
savoir	to know (how)
venir	to come
voir	to see
vouloir	to want

Discovering FRENCH Nouveau! BLANC

Unité 8, Leçon 32
VOCABULAIRE

Pour communiquer

TALKING ABOUT WHAT ONE WOULD DO

Si j'étais en France, je parlerais français.	If I were in France, I would speak French.
Si tu avais le temps, tu finirais ta leçon.	If you had the time, you would finish your lesson.
Si nécessaire, elles vendraient leur voiture.	If necessary, they would sell their car.

Copyright © McDougal Littell, a division of Houghton Mifflin Company. All rights reserved.

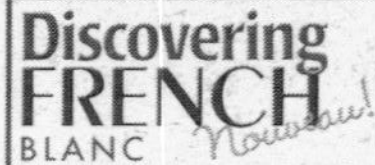

Unité 8, Leçon 32
LANGUE ET COMMUNICATION

Review: The Imperfect

The imperfect describes what people USED TO DO on a regular basis. It is formed as follows:

STEM (**nous**-FORM MINUS **-ons**)	+	IMPERFECT ENDINGS		=	IMPERFECT	
parlons → parl-		-ais -ais -ait	-ions -iez -aient		je parlais tu parlais il/elle/on parlait	nous parlions vous parliez ils/elles parlaient

Note: All verbs follow the same format except **être.**

j'étais tu étais il/elle/on était	nous étions vous étiez ils/elles étaient

The Conditional: Formation

Use the conditional to describe what people WOULD DO, or what WOULD HAPPEN in certain cases. The conditional is formed as follows:

FUTURE STEM	+	IMPERFECT ENDINGS		=	CONDITIONAL	
parler		-ais -ais -ait	-ions -iez -aient		je parlerais tu parlerais il/elle/on parlerait	nous parlerions vous parleriez ils/elles parleraient

Note: All regular **-er** and **-ir** verbs form the conditional this way. Regular **-re** verbs drop the final **-e** before adding the endings.

The following verbs have irregular stems:

aller	→	ir-	être	→	ser-	voir	→	verr-
avoir	→	aur-	faire	→	fer-			

To make a negative statement or a question, follow the regular rules.

Ex.: **—<u>Est-ce qu</u>'ils parleraient?**

—Non, ils <u>ne</u> parleraient <u>pas</u>.

The Conditional and Politeness

Use the following forms to make polite requests.

Je <u>voudrais</u> te parler.

<u>Pourrais</u>-tu m'aider?

Tu <u>devrais</u> étudier.

The Conditional in si-Clauses

Use the conditional to express what would happen if certain conditions were true. In such cases, the construction is:

si-clause: IMPERFECT	result clause: CONDITIONAL
<u>Si</u> tu <u>étais</u> au lycée à Paris,	tu <u>parlerais</u> français en classe.

Note: The conditional is never used in the **si**-clause.

Unité 8, Leçon 31
LANGUE ET COMMUNICATION

The Future: Regular and Irregular Forms

The future tense for most regular and many irregular verbs is formed as follows:

FUTURE STEM (INFINITIVE MINUS FINAL **-e,** IF ANY) + FUTURE ENDINGS = FUTURE

FUTURE STEM	+ FUTURE ENDINGS	
voyager- finir- vendr-	-ai -as -a	-ons -ez -ont

voyager		finir		vendre	
je voyagerai tu voyageras il/elle/on voyagera	nous voyagerons vous voyagerez ils/elles voyageront	je finirai tu finiras il/elle/on finira	nous finirons vous finirez ils/elles finiront	je vendrai tu vendras il/elle/on vendra	nous vendrons vous vendrez ils/elles vendront

Note: The interrogative and negative are formed like the present:

Ex.: **—Est-ce que tu voyageras? / Voyageras-tu?** **—Non, je ne voyagerai pas.**

The future stem always ends in **-r.** The endings are the same for regular and irregular verbs. When the present form has a spelling change, the future form keeps the change.

INFINITIVE	PRESENT	FUTURE
acheter	j'achète	j'achèterai

INFINITIVE	PRESENT	FUTURE
payer	je paie	je paierai

Note: Future stems for some irregular verbs:

aller	→	ir-	être	→	ser-	voir	→	verr-
avoir	→	aur-	faire	→	fer-			

Usage of the Future in Sentences with si

To express what WILL HAPPEN if a certain condition is met, use a **si**-clause. The **si** (if) clause expresses the condition, and the result clause tells what will happen.

si-clause: PRESENT	result clause: FUTURE
<u>Si</u> nous <u>achetons</u> une caravane,	nous <u>ferons</u> du camping.

Note: Si becomes **s'** before **il** and **ils,** but not before **elle** or **elles.**

Usage of the Future after quand

Use the future tense in BOTH the main clause and the **quand**-clause. The pattern is:

quand-clause: FUTURE	main clause: FUTURE
<u>Quand</u> nous <u>aurons</u> une caravane,	nous <u>ferons</u> du camping.

Other Irregular Verbs in the Future

devoir	→	devr-	venir	→	viendr-	savoir	→	saur-
recevoir	→	recevr-	revenir	→	reviendr-	vouloir	→	voudr-
apercevoir	→	apercevr-	devenir	→	deviendr-	envoyer	→	enverr-
						pouvoir	→	pourr-

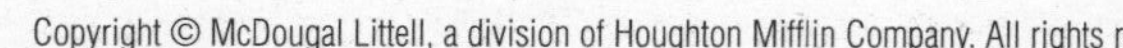

Discovering FRENCH Nouveau! BLANC

Unité 9, Leçon 33
LE FRANÇAIS PRATIQUE

Mots et expressions

LA CONDUITE	
une auto-école	driving school
la conduite	driving
un permis de conduire	driver's license
une station-service	gas station
LES VÉHICULES	
un camion	truck
une camionnette	(small) van
une décapotable	convertible
un minivan	minivan
une voiture	car
une voiture de sport	sports car
LA VOITURE	
un accélérateur	accelerator, gas pedal
un capot	hood
une ceinture de sécurité	seat belt
une clé	key
un clignotant	blinker
un coffre	trunk
l'essence (f.)	gas
un essuie-glace	windshield wiper
un frein	brake
l'huile (f.)	oil
un klaxon	horn
un moteur	motor
un pare-brise	windshield
un phare	headlight
un pneu	tire
une porte	door
un réservoir	gas tank
un rétroviseur	rearview mirror
une roue	wheel
un siège	seat
un toit	roof
un volant	steering wheel
À LA STATION-SERVICE	
faire le plein [d'essence]	to fill it up [with gas]
nettoyer [le pare-brise]	to clean [the windshield]
vérifier [l'huile]	to check [the oil]
VERBES IRRÉGULIERS	
conduire	to drive
suivre	to follow
suivre un cours	to take a class

Discovering FRENCH Nouveau! BLANC

Unité 9, Leçon 34
VOCABULAIRE

Pour communiquer

EXPRESSING FEELINGS	
Je suis heureux de faire ta connaissance.	I am happy to meet you.
Nous sommes tristes de partir.	We are sad to leave.
DESCRIBING CAUSE AND EFFECT, PURPOSE, AND SEQUENCE	
Je travaille pour gagner de l'argent.	I work (in order) to earn money.
Fais le plein avant de partir.	Fill up the tank before leaving.
Ne pars pas sans mettre ta ceinture de sécurité.	Don't leave without attaching your seat belt.
J'écoute la radio en étudiant.	I listen to the radio while studying.
Paul gagne de l'argent en lavant des voitures.	Paul earns money by washing cars.
PRÉPOSITIONS	
avant de + INFINITIVE	before [doing]
pour + INFINITIVE	in order [to do]
sans + INFINITIVE	without [doing]
en + PRESENT PARTICIPLE	while, by [doing]
EXPRESSIONS UTILES	
Je n'ai pas le temps de …	I don't have the time to …
VOCABULAIRE SUPPLÉMENTAIRE: EN VOITURE	
accélérer (j'accélère)	to accelerate, to speed up
arrêter le moteur	to stop the engine
s'arrêter	to stop (the car)
démarrer	to start (the car)
doubler	to pass
enlever (j'enlève) sa ceinture	to take off, unbuckle one's seat belt
garder sa ceinture	to keep one's seat belt on
klaxonner	to honk
mettre sa ceinture	to put on, buckle one's seat belt
ralentir	to slow down

The Construction: Adjectif + de + Infinitive

Adjectives and nouns are often followed by an infinitive as follows:

ADJECTIVE / NOUN + **de** + INFINITIVE

Ex.: **Elle est <u>contente de rentrer</u> chez elle.**
Je n'ai pas <u>le temps de jouer</u> au tennis.

The Construction: Preposition + Infinitive

Use the infinitive after prepositions such as **pour** (in order to), **avant de** (before), and **sans** (without).

Ex.: **Je vais au café <u>pour rencontrer</u> les copains.**

Note: The expression **in order to** may be omitted in English, but **pour** must be used in French.

The Construction: En + Present Participle

Forms of the Present Participle

The present participle always ends in **-ant.** It is formed as follows:

STEM (**nous**-FORM OF PRESENT MINUS **-ons**)			+	ENDING **-ant**	=	PRESENT PARTICIPLE
nous <u>travaill</u>ons	→	travaill-				travaillant
nous <u>finiss</u>ons	→	finiss-				finissant
nous <u>attend</u>ons	→	attend-	+	-ant	=	attendant
nous <u>all</u>ons	→	all-				allant
nous <u>pren</u>ons	→	pren-				prenant

Usage of en + Present Participle

Use the construction **en** + PRESENT PARTICIPLE to express:

- <u>simultaneous action</u> (**while** doing something)
  Ex.: **Il écoute la radio <u>en lavant</u> sa voiture.**
- <u>cause and effect</u> (**by** doing something)
  Ex.: **Il gagne de l'argent <u>en lavant</u> des voitures.**

The Verb conduire (to drive)

je conduis	nous conduisons
tu conduis	vous conduisez
il/elle/on conduit	ils/elles conduisent

Note: The **passé composé** of **conduire** is formed with **avoir.** Its past participle is **conduit.**

Ex.: **Hier, on a conduit jusqu'à Nantes.**

The Verb suivre

je suis	nous suivons
tu suis	vous suivez
il/elle/on suit	ils/elles suivent

Note: Suivre has two meanings: to follow and to take (a class). The **passé composé** of **suivre** is formed with **avoir.** Its past participle is **suivi.**

Ex.: **L'année dernière, j'ai suivi des cours d'art.**

Copyright © McDougal Littell, a division of Houghton Mifflin Company. All rights reserved.

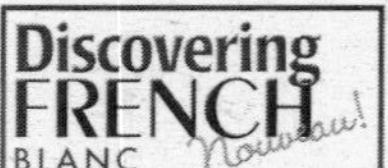

Discovering FRENCH Nouveau! BLANC

Unité 9, Leçon 35
VOCABULAIRE

Pour communiquer

EXPRESSING AN OBLIGATION	
Il faut que tu répondes à ma question.	You have to answer my question.
Il faut qu'ils sortent avant midi.	They have to leave before noon.
EXPRESSIONS SUIVIES DU SUBJONCTIF	
il faut que + SUBJUNCTIVE	it is necessary that

Discovering FRENCH Nouveau! BLANC

Unité 9, Leçon 36
VOCABULAIRE

Pour communiquer

EXPRESSING ONE'S WISHES	
Je voudrais que tu sois ici.	I would like you to be here.
Elle veut que tu viennes maintenant.	She wants you to come now.
EXPRESSIONS SUIVIES DU SUBJONCTIF	
vouloir que + SUBJUNCTIVE	to want, wish that

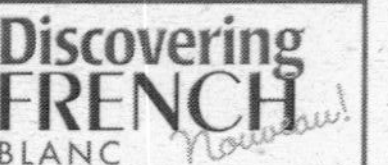

Unité 9, Leçon 36
LANGUE ET COMMUNICATION

The Irregular Forms of the Subjunctive

The subjunctive forms of **être, avoir, aller,** and **faire** are irregular.

	être	avoir	aller	faire
que je (j')	sois	aie	aille	fasse
que tu	sois	aies	ailles	fasses
qu'il/elle/on	soit	ait	aille	fasse
que nous	soyons	ayons	allions	fassions
que vous	soyez	ayez	alliez	fassiez
qu'ils/elles	soient	aient	aillent	fassent

Usage of the Subjunctive after vouloir que

Use the subjunctive after **vouloir que** to express a wish. The wish must concern someone or something other than the subject. When the wish concerns the subject, use the infinitive.

the wish concerns the subject: INFINITIVE	the wish concerns someone else: SUBJUNCTIVE
Je veux sortir.	Je veux que tu sortes avec moi.
Mon père veut conduire.	Mon père ne veut pas que je conduise.

Note: The subjunctive is also used after **je veux bien (que).**

—Est-ce que je peux sortir?

—Oui, je veux bien que tu sortes.

Unité 9, Leçon 35
LANGUE ET COMMUNICATION

The Subjunctive: Regular Formation

Forms

The subjunctive of all regular verbs and many irregular verbs is formed as follows:

SUBJUNCTIVE STEM (**ils**-FORM OF THE PRESENT MINUS **-ent**) + SUBJUNCTIVE ENDINGS = SUBJUNCTIVE

SUBJUNCTIVE STEM	+ SUBJUNCTIVE ENDINGS		= SUBJUNCTIVE	
parl-	-e	-ions	que je parle	que nous parlions
	-es	-iez	que tu parles	que vous parliez
	-e	-ent	qu'il/elle/on parle	qu'ils/elles parlent

finir	
que je finisse	que nous finissions
que tu finisses	que vous finissiez
qu'il/elle/on finisse	qu'ils/elles finissent

vendre	
que je vende	que nous vendions
que tu vendes	que vous vendiez
qu'il/elle/on vende	qu'ils/elles vendent

sortir	
que je sorte	que nous sortions
que tu sortes	que vous sortiez
qu'il/elle/on sorte	qu'ils/elles sortent

Ex.: **Il faut que tu conduises bien.** — It is necessary that you drive well. (You have to drive well.)

Il faut que je mette ma ceinture de sécurité. — It is necessary that I fasten my seat belt. (I have to fasten my seat belt.)

Usage of the Subjunctive

The SUBJUNCTIVE is used to express NECESSITY or OBLIGATION. It is used after certain verbs and expressions in the construction:

VERB OR EXPRESSION +	**que** +	SUBJECT +	SUBJUNCTIVE VERB ...
Il faut	que	Paul	réponde à la question.

Note: The subjunctive is always introduced by **que.**

Usage of the Subjunctive After Il faut que

To express what specific people must do or have to do use the construction:

il faut que + SUBJUNCTIVE

Ex.: **Il faut que je finisse mon travail.** — I must (have to) finish my work.

Il faut que vous répariez la voiture. — You must (have to) fix the car.